Mirjam Prüver

# 55 Fragen & Antworten
# Leitung von Kitas

**Mirjam Prüver** ist staatlich geprüfte Erzieherin und seit 1998 bei der Landeshauptstadt München beschäftigt. Seit 2001 ist sie als Einrichtungsleiterin in städtischen Kinderkrippen tätig. Im November 2010 übernahm sie den Aufbau einer neuen Kinderkrippe mit dem Schwerpunkt Gesundheitsförderung.

*Mirjam Prüver*

# 55 Fragen & Antworten

## Leitung von Kitas

Cornelsen

Aus Gründen der besseren Lesbarkeit wird in diesem Buch durchgehend die weibliche grammatische Form verwendet. Natürlich sind damit auch immer Männer gemeint, also Kita-Leiter, Erzieher usw.

Lektorat: Karolin Gerhardi, Köln
Umschlaggestaltung: Torsten Lemme – LemmeDESIGN, Berlin
Umschlagkonzept & Innenlayout: Claudia Adam Graphik-Design, Darmstadt
Technische Umsetzung: Markus Schmitz, Büro für typographische Dienstleistungen, Altenberge
Titelillustration: © tsukiyo8 – fotolia.com

1. Auflage 2015



Druck: Beltz Bad Langensalza GmbH

ISBN 978-3-589-24606-9

PEFC/04-31-2257

**PEFC zertifiziert**
Dieses Produkt stammt aus nachhaltig bewirtschafteten Wäldern und kontrollierten Quellen.

www.pefc.de

# Inhalt

# Fragen und Antworten zu:

# Qualität zeigen – Festlegung der pädagogischen Prinzipien der Einrichtung

## 1 Wozu braucht die Einrichtung ein pädagogisches Leitbild?

Das pädagogische Leitbild umfasst die Ziele, Werte, Regeln, Normen und pädagogischen Schwerpunkte der Einrichtung. Man könnte auch sagen: Das Einrichtungsleitbild bringt die Philosophie einer Kindertagesstätte zum Ausdruck.

Das Leitbild schafft innerhalb der Einrichtung eine sogenannte Corporate Identity. Der ursprünglich nur in der Wirtschaft gebräuchliche Begriff macht deutlich, dass es dabei um die Entwicklung einer Identität geht, die von jeder der beteiligten Personen mitgetragen wird. Das Leitbild gibt nicht nur intern dem pädagogischen Personal, sondern auch nach außen, d. h. den Eltern und der breiteren Öffentlichkeit, eine Orientierung in Bezug auf die pädagogischen Maßnahmen, die in der Einrichtung getroffen werden. Durch die Festschreibung und Veröffentlichung des Leitbildes – z. B. im Rahmen der pädagogischen **Konzeption** (→ Fragen 2, 3) oder auf der Homepage der Einrichtung – wird **Transparenz** (→ Frage 44) geschaffen: Alle Interessenten haben hier die Möglichkeit, sich über die Einrichtung zu informieren.

Ein Einrichtungsleitbild als Fundament der pädagogischen Arbeit wird entweder komplett vom pädagogischen Team entwickelt oder in Teilen vom Träger vorgegeben; Letzteres ist z. B. bei einer kirchlichen Einrichtung der Fall, in der die Vermittlung christlicher Werte und Normen im Leitbild verankert ist. Die Aufgabe der Einrichtungsleitung besteht zunächst darin, nötigenfalls die Erarbeitung des Leitbildes zu veranlassen sowie für dessen Ausformulierung und Präsentation zu sorgen. Weiterhin muss sie sich darum kümmern, dass es mit dem Team gemeinsam umgesetzt und nach außen vertreten wird. Im Sinne der Corporate Identity ist es außerordentlich wichtig, dass die Einrichtungsleitung, aber natürlich auch jede einzelne Teamkollegin sich mit dem Einrichtungsleitbild identifizieren kann. Eine Einrichtungsleitung etwa, die keine Fremdsprachen spricht und sich nicht weiter für andere Kulturen interessiert, wird das Leitbild einer bilingualen Einrichtung nicht glaubhaft vertreten können.

Der Einrichtungsleitung kommt bei der Entwicklung eines eigenen Einrichtungsleitbildes eine weitere wichtige Aufgabe als Verbindungsglied zwischen Träger und Team zu. So hat sie sich zum einen nach den Vorgaben und Wünschen des Trägers zu richten, sollte zum anderen aber auch die Wünsche des Teams berücksichtigen.

Bei der Entwicklung des Einrichtungsleitbildes sollten sich Leitung und Team, in Absprache mit dem Träger, folgende Fragen stellen:

- Welche pädagogischen Werte, Regeln und Normen möchten wir den Kindern vermitteln?
- Welche Ressourcen (durch den Träger, innerhalb des Teams) können wir hierfür nutzen?
- Welche Rahmenbedingungen haben wir und welche müssen ggf. neu geschaffen werden, z. B. in Bezug auf Standort der Einrichtung, Elternschaft, Räumlichkeiten, Team, Fortbildungsmöglichkeiten usw.?

Die Entwicklung eines Leitbildes ist ein dauerhafter und sich stetig weiterentwickelnder Prozess. Das Ergebnis sollte immer wieder überdacht und ggf. verändert werden.

## 2 Was bedeuten die Begriffe Konzept, Konzeption und Konzeptionsentwicklung?

Im deutschen Sprachgebrauch werden die Begriffe Konzept und Konzeption häufig synonym verwendet, obwohl sie nicht ganz das Gleiche bedeuten. Auch in der Fachliteratur finden sich dazu unterschiedliche Meinungen. Jens-Christian Möller und Esta Schlenther-Möller erklären den Unterschied so: „Während ein Konzept ein Entwurf, eine Erstfassung einer Idee oder eines Gedankens ist, also noch unfertig ist und zukünftig noch bearbeitet und auf den aktuellen Stand gebracht werden muss, ist eine Konzeption die verbindliche Niederlegung der pädagogischen Inhalte und der Arbeitsweise einer Kindertageseinrichtung.“ (Möller/Schlenther-Möller 2014, S. 225) In vorliegendem Buch wird auf Grundlage dieser Definition der Begriff Konzeption verwendet.

Aus diesem Verständnis heraus sollte jede Kindertagesstätte über eine pädagogische Hauskonzeption verfügen. Zu deren Entwicklung können erste Ideen bzw. ein erster (Handlungs-)Plan in einem Konzept festgehalten werden.

Als Konzeptionsentwicklung wird der Prozess, aber auch die Vorgehensweise beschrieben, mit der eine schriftliche Konzeption erstellt wird.

In erster Linie ist es die Aufgabe der Einrichtungsleiterin, die Konzeption regelmäßig auf ihre Aktualität zu prüfen und, ggf. mit dem Team zusammen, einzelne Passagen zu überarbeiten und dementsprechend anzupassen. „Das Erarbeiten einer Konzeption ist demnach ein Diskussions- und Entwicklungsprozess, der nicht mit der ersten schriftlichen Fassung beendet ist.“ (Schlummer/Schlummer 2003, S. 26)

## 3 Wozu dient die Erstellung einer eigenen Hauskonzeption?

Die Verpflichtung jeder Einrichtung zur Erstellung und regelmäßigen Überarbeitung einer pädagogischen Konzeption ist im Sozialgesetzbuch verankert. So heißt es hier wörtlich: „Die Träger der öffentlichen Jugendhilfe oder die von ihnen beauftragten Stellen sind verpflichtet, Eltern oder Elternteile, die Leistungen nach den Absätzen 1 bis 4 in Anspruch nehmen wollen, über das Platzangebot im örtlichen Einzugsbereich und die pädagogische Konzeption der Einrichtungen zu informieren und sie bei der Auswahl zu beraten.“ (§ 24 Abs. 5 SGB VIII)

Allerdings bedeutet die Erstellung einer eigenen **Hauskonzeption** (→ Frage 2) weit mehr als die Erfüllung gesetzlicher Vorgaben. Sie stellt die ganz individuelle Professionalität eines Teams in den Vordergrund. Das Team beschreibt darin detailliert die Umsetzung des Bildungs-, Erziehungs- und Betreuungsauftrags der Einrichtung und legt hierfür die pädagogischen Prinzipien sowie die damit verbundenen Ziele und Maßnahmen fest. So gesehen ist eine Konzeption für das Team also zunächst eine wichtige Arbeitsgrundlage. Ihre Erstellung und regelmäßige Überarbeitung hilft zudem dem Einrichtungspersonal, selbst die eigene pädagogische Arbeit immer wieder zu reflektieren und Einstellungen oder Verfahrensweisen zu überprüfen.

Nicht nur im internen Gebrauch, sondern auch nach außen gerichtet übernimmt die Konzeption eine zentrale Aufgabe. Die Öffentlichkeit bekommt durch sie einen ersten Einblick in die pädagogische Arbeit und die Rahmenbedingungen der Einrichtung und somit auch eine Vorstellung von den pädagogischen Einstellungen, Werten, Normen und Regeln, die vom Träger vorgegeben, vom Team vor Ort umgesetzt und gelebt werden. Die Hauskonzeption ist also genau genommen die schriftliche Fixierung des Einrichtungsleitbildes mit einer präzisen Beschreibung der damit verbundenen pädagogischen Prinzipien und benötigten Rahmenbedingungen. Sie ist also eine Form eines **Qualitätshandbuches** (→ Frage 7) der Einrichtung und hierbei meist auch ein Teil des Betreuungsvertrags. Die in der Konzeption festgelegten Punkte schaffen erste Verbindlichkeiten, auf die sich die Eltern, aber das Team einer Einrichtung im Bedarfsfall berufen können.

Nicht zuletzt gibt die pädagogische Konzeption einer Einrichtung Praktikantinnen der verschiedenen **Schulen und Ausbildungsstätten** (→ Frage 55) Orientierung; Bewerberinnen kann die Konzeption bei der Entscheidung helfen, ob sie in der Einrichtung tätig werden möchten.

Die Kita-Leitung ist dafür verantwortlich, dass die Einrichtung über eine eigene Konzeption verfügt. Bei der ersten **Konzeptionsentwicklung** (→ Frage 2) ebenso wie bei einer grundlegenden Überarbeitung koordiniert sie die Zusammenarbeit des Teams sowie die Art und den Umfang der Mitarbeit der Eltern (meist vertreten durch den Elternbeirat, aber auch des Trägers) an diesem Prozess. In der Regel liegt es weiterhin im Verantwortungsbereich der Leiterin, einen ersten Entwurf der erstellten Hauskonzeption zu schreiben und dem Träger zur finalen Überarbeitung zukommen zu lassen. Ist die Hauskonzeption geschrieben, ist es Aufgabe der Leiterin dafür zu sorgen, dass die darin festgelegten Prinzipien dauerhaft vom Einrichtungsteam in die pädagogische Praxis umgesetzt werden. Schließlich muss die Leiterin die bestehende Konzeption immer wieder auf ihre Aktualität prüfen und ggf. mit dem Team zusammen überarbeiten.

## 4 Welche Punkte gehören in eine Hauskonzeption?

Dies sind Punkte, die in keiner Hauskonzeption fehlen sollten:

**Rahmenbedingungen:**

- Name/Adresse des Trägers, Name/Adresse der Einrichtung, Logo der Einrichtung, Lage, Verkehrsanbindung
- Größe der Einrichtung, Anzahl der Plätze, Anzahl der Gruppen, Gruppenstrukturen
- Räumliche Bedingungen: Anzahl und Art der Räume, Außengelände, Barrierefreiheit
- eigene Küche oder Catering

**Personelle Voraussetzungen:**

- Daten und Fakten zur personellen Struktur: pädagogische Fachkräfte mit jeweiligen Abschlüssen, Praktikantinnen und Auszubildende, weitere Kräfte wie eigenen Küchen- bzw. Hauswirtschaftskraft

**Tagesablauf:**

- Öffnungs- und Schließzeiten, Ferienregelungen, weitere Eckdaten zum Tagesablauf

**Pädagogische Grundsätze:**

- Darstellung des Einrichtungsleitbildes und Ausführung der damit verbundenen pädagogischen Grundsätze und Schwerpunkte, Beispiele zu ihrer Umsetzung im pädagogischen Alltag der Einrichtung
- Angaben zur Umsetzung des Bildungsauftrags
- Ziele und Maßnahmen, wie z. B. Gesundheitsförderung, Musik, Kreativität usw.

**Bildungs- und Erziehungspartnerschaft mit Eltern:**

- Gestaltung der Zusammenarbeit mit den Eltern, Zusammensetzung, Wahl, Funktion und Aufgaben des Elternbeirats, Art der Dokumentation

**Zusammenarbeit im Team:**

- Maßnahmen sowie Fort- und Weiterbildungen, die dem Team angeboten werden
- Zusammenarbeit mit externen Personen und anderen Einrichtungen:
- Vernetzung der Einrichtung innerhalb des Stadtteils, im Ort oder mit anderen Einrichtungen
- Gestaltung der Übergänge (z. B. von der Kinderkinderkrippe in den Kindergarten) bzw. Zusammenarbeit mit anderen Einrichtungen (Hort, Grundschule)
- Zusammenarbeit mit externen Fachdiensten (z. B. Frühförderung, Sprachförderung, Logopädie usw.)

Pädagogische Ansichten entwickeln und ändern sich mit der Zeit: Das Team bekommt in Fort- und Weiterbildungen neue Impulse, sammelt ständig neue Erfahrungen, und jede neue Kollegin bringt neue Sichtweisen, Ideen und Begabungen mit ins Team. Zwangsläufig ändern sich somit im Laufe der Jahre auch manche pädagogische Schwerpunkte innerhalb der Kindertagesstätte. Um das eigene pädagogische Handeln hinsichtlich der ursprünglich festgelegten Ziele zu überprüfen und vorgenommene Veränderungen transparent zu machen, ist es wichtig, eine pädagogische Konzeption immer wieder schriftlich zu aktualisieren.

Tipp: Zwar sieht eine aufwendig gebundene Konzeption professionell aus. Praktischer ist allerdings die Verwendung eines Ringordners. So können einzelne Seiten nach Bedarf herausgenommen oder hinzugefügt werden.

## 5 Was bedeutet Qualitätsmanagement in der Kindertageseinrichtung?

Der ursprünglich aus der Wirtschaft stammende Begriff „Qualitätsmanagement" ist ein Instrument, das dem Team einer Kindertageseinrichtung helfen soll, Qualität in der täglichen Arbeit zu messen, zu entwickeln, zu sichern und ggf. zu verbessern. Ziel ist es, dadurch die Wirtschaftlichkeit der Einrichtung zu erhöhen und die Zufriedenheit der Eltern, des Personals und des Trägers zu gewährleisten. In welchem Umfang Qualitätsmanagement in einer Einrichtung betrieben wird, entscheidet der Träger. In der Regel gibt er oder die Einrichtungsleiterin eine bestimmte Verfahrensweise und die angestrebte Zertifizierung vor.

Der Qualitätsanspruch ist gesetzlich verankert. So heißt es im Sozialgesetzbuch hierzu: „Die Träger der öffentlichen Jugendhilfe sollen die Qualität der Förderung in ihren Einrichtungen durch geeignete Maßnahmen sicherstellen und weiterentwickeln. Dazu gehören die Entwicklung und der Einsatz einer pädagogischen Konzeption als Grundlage für die Erfüllung des Förderungsauftrags sowie der Einsatz von Instrumenten und Verfahren zur Evaluation der Arbeit in den Einrichtungen." (§ 22a Abs. 1 SGB VIII)

Qualitätsmanagement ist ein andauernder Prozess. Es geht dabei also nicht nur um die einmalige Qualitätssicherung, sondern auch um die Qualitätsentwicklung einer Einrichtung.

Gerade große Träger legen häufig Qualitätsstandards fest, die in allen ihren Einrichtungen gelten sollen. Es dient dazu, den Mitarbeiterinnen eine Orientierung zu verschaffen und die Qualität in den Einrichtungen zu vereinheitlichen. Diese Standards werden im sogenannten **Qualitätshandbuch** (→ Frage 7) festgeschrieben.

Die Qualität einer Einrichtung lässt sich in mehrere Bereiche unterteilen:

- Die Prozessqualität beschreibt die Ziele bzw. Standards verschiedener Arbeitsabläufe.

- Die Strukturqualität bezieht sich auf die Rahmenbedingen der Einrichtung, also ihre Lage (Ort, Stadtteil), ihre Räumlichkeiten, ihre personelle sowie materielle Ausstattung.
- Die Beziehungsqualität beschreibt das Verhalten der Teammitglieder untereinander.
- Die Ergebnisqualität befasst sich mit dem Ergebnis aller Leistungen und der daraus entstandenen Zufriedenheit für Team, Eltern und Träger.

Alle Kolleginnen sollten sich am **Qualitätsmanagement-Prozess** (→ Frage 6) der Kita beteiligen. Nur so wird gewährleistet, dass die vereinbarten Standards und Ziele verinnerlicht und in der täglichen Arbeit optimal umgesetzt werden.

Die Umsetzung von Qualitätsmanagement in der Einrichtung ist eine klare Führungs- bzw. Leitungsaufgabe. Zur Entlastung der Leitung bieten einige Träger allerdings auch Fortbildungen für Erzieherinnen zum Thema an. Die geschulten Erzieherinnen werden damit zu Qualitätsbeauftragten ihres Teams und sind befugt, alle das Qualitätsmanagement betreffenden Vorgänge nach Rücksprache mit der Einrichtungsleitung durchzuführen.

Einen wichtigen Teil der Qualitätssicherung bildet die regelmäßige Evaluation der Arbeit, die auch schriftlich festgehalten werden muss.

Es gibt im Wesentlichen zwei Möglichkeiten einer solchen Evaluation:

- Bei der **i**nternen Evaluation, die in der Regel einmal im Jahr stattfindet, überprüft das Team selbst seine Standards und Ziele auf Einhaltbarkeit, Effizienz und Erreichbarkeit. Diese Evaluation wird von der Einrichtungsleiterin oder der Qualitätsbeauftragten der Einrichtung geleitet.
- Bei der externen Evaluation lässt sich das Team durch eine externe Fachkraft beraten.

## 6 Welche unterschiedlichen Qualitätskonzepte gibt es?

Es gibt unterschiedliche Qualitätskonzepte, nach denen die Kindertageseinrichtung das Qualitätsmanagement in ihrer Einrichtung umsetzen kann. Solche Konzepte sind z. B.:

**Der Kronberger Kreis für Qualitätsentwicklung in Kindertageseinrichtungen (1998):** Dies Qualitätsmodell wurde von einer Reihe pädagogischer Fachleute entwickelt, die sich hierfür in Kronberg im Taunus trafen.

In diesem Qualitätskonzept werden die Entwicklung der Qualität und die Selbstevaluation in einen Dialog gestellt. Es versteht sich nicht als Verfahren, sondern vielmehr als Programm mit Anregungen für einen individuellen Qualitätsprozess. Ziel ist es, eine bestmögliche Fachpraxis in der Kita zu erreichen. Die Qualitätsstandards werden in diesem Konzept nicht vorgegeben, sondern von den Beteiligten selbst bestimmt.

Die Qualität wird in drei Schritten gemessen:

- die Aspekte einer guten Fachpraxis benennen
- Qualitätsfragen formulieren
- Qualitätsindikatoren beschreiben

Zur Qualität wird nach dem Kronberger Kreis auf folgenden Ebenen überprüft:

- Kreisprogramm und Prozessqualität
- Leitungsqualität
- Personalqualität
- Einrichtungs- und Raumqualität
- Trägerqualität
- Kosten-Nutzen-Qualität
- Forderung von Qualität

In den Prozess der Qualitätsentwicklung werden Trägervertreter, Fachberatungen und die Befragung von Eltern miteinbezogen.

Die Einrichtungsleiterin sollte bei diesem umfangreichen Verfahren möglichst durch eine externe Begleitung unterstützt werden, um das Konfliktrisiko möglichst gering zu halten und für Verbindlichkeit bei der Umsetzung zu sorgen (vgl. Möller/Schlenther-Möller 2014).

**QuiK-Qualität in Kindertageseinrichtungen** (vgl. Tietze 2013, Tietze/Viernickel 2007): Auch bei diesem Modell ist das Ziel die Entwicklung und -sicherung von Qualität. Leitungen und/oder Qualitätsbeauftragte (→ Frage 5) der Einrichtung werden qualifiziert, die für die Entwicklung und Sicherung von Qualität nötige Führung und Steuerung zu übernehmen sowie entsprechende Verfahren, Methoden und Arbeitstechniken an das Team weiterzugeben und umzusetzen.

Zunächst aber wählt der Träger seine Schwerpunkte unter Berücksichtigung der jeweils aktuellen Bildungspläne aus dem von Wolfgang Tietze und Susanne Viernickel herausgegebenen Kriterienkatalog aus. In diesem Kriterienkatalog sind in 21 Qualitätsbereichen gute und beste Fachpraxis in den zentralen Bildungs- und Handlungsfeldern beschrieben.

In einer sogenannten „Ist-Stand-Analyse" wird mithilfe von Checklisten von allen beteiligten Fachkräften ein Qualitätsprofil der Einrichtung erstellt. Diese interne Evaluation zeigt gute und weniger gute Bereiche der pädagogischen Arbeit auf, die dann der Ausgangspunkt für eine zielgerichtete Qualitätsentwicklung ist. Dabei werden Qualitätsziele entwickelt, diese werden schriftlich festgehalten und verbindlich umgesetzt. (Weitere Informationen unter http://www.paedquis.de)

**KES-Kindergarteneinschätz-Skala:** Die KES-Kindergarten-Einschätz-Skala (entwickelt 1997 von Wolfgang Tietze, Freie Universität Berlin) ist die deutsche Fassung der Early Childhood Environment Rating Scale (ECERS) von Harms/Clifford/Creyer aus dem Jahr 1980. 2001 wurde sie be- und überarbeitet und nennt sich seitdem KES-R (vgl. Tietze et al. 2001). Neben der Kindergartenskala wurden analog Skalen für Krippe, Hort und Tagespflege entwickelt. Die Qualität wird hier vorrangig auf drei Ebenen unterschieden:

- der pädagogischen Orientierungsqualität (Werte und Haltungen der pädagogischen Fachkräfte, Erziehungsziele, Auffassung über die Entwicklung der Kinder u. a.)
- der pädagogischen Strukturqualität (Rahmenbedingungen, wie Räumlichkeiten, Ausstattung, Vorbereitungszeiten, Erzieher-Kind-Schlüssel, Ausbildungsniveau der pädagogischen Mitarbeiter u. a.)
- der pädagogischen Prozessqualität (Umgang mit den Kindern, Interaktion, Einbeziehung der Familien u. a.)

Die KES-R umfasst 43 Merkmale, die in sieben einzuschätzende Bereiche eingeteilt sind:

I. Platz und Ausstattung (wie Ausstattung für Entspannung und Behaglichkeit, Spiel und Lernen, Rückzugsmöglichkeiten usw.)
II. Betreuung und Pflege der Kinder (Begrüßung und Verabschiedung, Ruhe- und Schlafpausen, Sicherheit usw.)
III. sprachliche und kognitive Anregungen (Bücher und Bilder, allgemeiner Sprachgebrauch usw.)
IV. Aktivitäten (feinmotorische Aktivitäten, künstlerisches Gestalten, Musik und Bewegung usw.)
V. Interaktionen (Beaufsichtigung/Anleitung/Begleitung bei grobmotorischen Tätigkeiten, Kind-Kind-Interaktion usw.)

VI. Strukturierung der pädagogischen Arbeit (Tagesablauf, Freispiel, Gruppenstruktur usw.)
VII. Eltern und Erzieherinnen (Elternarbeit, Berücksichtigung persönlicher Bedürfnisse der Mitarbeiterinnen usw.)

Bei der KES-R ist es ratsam, geschulte (evtl. externe) Beobachterinnen einzusetzen, denn das Ergebnis hängt von einer hochwertigen Beobachtung ab. Externe Beobachterinnen sind hier eher in der Lage, mit der erforderlichen Distanz den Prozess zu begleiten (vgl. Möller/Schenther-Möller 2014).

Eines der grundlegendsten Instrumente von Qualitätsmanagement ist die Durchführung einer jährlichen Elternbefragung. Aus dieser Befragung ergeben sich für das Team verschiedene Handlungsziele und Umsetzungsmethoden, um die Qualität innerhalb der täglichen Arbeit zu steigern oder auch zu sichern.

## 7 Was ist ein Qualitätshandbuch?

In einem Qualitätshandbuch werden alle Arbeitsabläufe, die für die Struktur und die pädagogische Arbeit in einer Einrichtung wichtig sind, dokumentiert. Unabhängig vom jeweiligen **Qualitätskonzept** (→ Frage 6) sollte jede Einrichtung über ein Qualitätshandbuch verfügen. Es dient allen Teammitgliedern der Orientierung und hilft, die in der Einrichtung geltenden Standards zu überprüfen.

In einem Qualitätshandbuch finden sich z. B. folgende Inhalte:

- ein aktuelles Inhaltsverzeichnis
- eine Beschreibung aller Leistungen und Angebote, welche die Kindertageseinrichtung erbringt
- alle qualitätsbezogenen Dokumentationen der Einrichtung, wie z. B. die **pädagogische Konzeption** (→ Frage 2), die **Ist-Stand-Analyse** (→ Frage 6), Eltern- und Kinderbefragungen, gesetzliche Vorgaben, Einhaltung der Sicherheitsstandards (z. B. die Einhaltung des Brandschutzes)
- Quellenangaben, Links usw.

Das Qualitätshandbuch sollte von der Einrichtungsleiterin bzw. der Qualitätsbeauftragten geführt werden und für das gesamte Team – also die pädagogischen Fachkräfte ebenso wie die hauswirtschaftlichen Mitarbeiterinnen oder Praktikantinnen – jederzeit zugänglich und im pädagogischen

Alltag nutzbar sein. Neben der klassischen Papierform kann das Qualitätshandbuch auch in digitaler Form in der Einrichtung vorliegen.

Eine gut ausgearbeitete und stets aktualisierte eigene **Hauskonzeption** (→ Frage 3) ist gewissermaßen schon ein Qualitätsnachweis, mit dem sich die Einrichtung vor allem nach außen präsentieren kann. Das Qualitätshandbuch ist in erster Linie als zusätzliches Medium für den internen Gebrauch zu verstehen. Das Führen eines solchen Buches trägt wesentlich zur Transparenz der pädagogischen Arbeit in der Einrichtung bei und gibt den Kolleginnen dadurch eine Orientierungshilfe und Sicherheit.

Ein Qualitätshandbuch bildet zudem die Grundlage der jährlichen **Evaluation** (→ Frage 5). Wer seine Qualität schriftlich in einem solchen Buch festhält, kann sie damit nachweisen und sich ggf. auch darauf berufen. Das Qualitätshandbuch wird im Rahmen des Qualitätsmanagements der Einrichtung immer wieder auf seine Aktualität geprüft und bei Bedarf entsprechend überarbeitet.

# Fragen und Antworten zu:

# Eine anspruchsvolle Rolle – Die Einrichtungsleiterin im pädagogischen Alltag

## 8 Was bedeutet und wie gelingt ein gutes Zeitmanagement?

Jede Leitung kennt das Gefühl von Hektik, Stress und Zeitdruck. Das zunehmende Arbeitsvolumen (z. B. infolge der steigenden Zahl erforderter schriftlicher Dokumentationen oder häufiger Änderungen der zu führenden Statistiken) im gleichbleibenden Zeitrahmen gut zu schaffen wird immer schwieriger. Ein gutes Zeitmanagement ist darum mittlerweile für jede Einrichtungsleitung unerlässlich.

EDV-Anwendungen, Organisationspläne usw. können gute Instrumente sein, um die Aufgabenfülle zu bewältigen. Zusätzlich ist es jedoch unverzichtbar, Strukturen zu schaffen, um sich gedanklich besser sortieren zu können.

Zunächst einmal gilt es, sich einen Überblick über alle Aufgabenbereiche zu verschaffen und in einem zweiten Schritt Prioritäten zu setzen, um dann zu entscheiden, welche Aufgabe wann erledigt werden soll. Ob bzw. wie man dies schriftlich festlegt, ist eine individuelle Entscheidung. Möglich sind etwa das Anlegen eines Aufgabenbuches oder das plakative Festhalten der Termine an einer sogenannten Terminwand, z. B. einem Whiteboard. Es gibt Einrichtungsleitungen, die ihren Arbeitsalltag so strukturiert haben, dass sie wissen, was wann zu tun ist, und denen ein einfacher Terminkalender für das Zeitmanagement ausreicht.

Grundsätzlich ergeben sich in der Koordination des beruflichen Arbeitsalltags der Einrichtungsleiterin meist folgende Fragestellungen:

**Über welche zeitlichen Kapazitäten verfüge ich?** Leitungen, die im Gruppendienst eingeteilt sind, verfügen über wesentlich kleinere Zeitfenster für ihre Leitungstätigkeiten als Leiterinnen, die gänzlich vom pädagogischen Dienst **freigestellt** (→ Frage 14) sind. Die Zahl der Arbeitsstunden (Arbeit in Teil- oder Vollzeit) kann zudem variieren. In manchen Einrichtungen übernehmen mehrere Personen gemeinsam die Leitung und teilen sich die Aufgaben somit untereinander auf. Auch die Teamgröße bzw. die Kinderzahl bringen unterschiedliche Aufgaben und damit einen unterschiedlichen Zeitaufwand mit sich. Prinzipiell gilt aber – unabhängig davon, unter welchen Bedingungen Leiterinnen ihre Tätigkeit ausführen: Wenn die Leiterin auf Dauer das Gefühl hat, sie könne die Aufgaben nicht bewältigen, sollte sie dies dem Träger unbedingt zurückmelden und um möglichst zeitnahe Veränderung der Situation bitten. Dies kann z. B. durch Freistellungsstunden oder die Bewilligung zusätzlichen Personals bei Engpassen geschehen.

Nicht selten merken Leiterinnen es nicht, wenn sie mit der Fülle an Aufgaben überfordert sind, oder sie trauen sich nicht, es sich selbst oder anderen einzugestehen – aus Angst, versagt zu haben oder sogar vor Konsequenzen des Trägers. Hier können Treffen oder Supervisionsstunden mit anderen Einrichtungsleitungen helfen, sich innerhalb eines Führungskreises auszutauschen oder kollegial zu beraten. Stellt eine Einrichtungsleitung fest, dass ihre Kolleginnen mit der ein oder anderen Situationen genauso wenig zurechtkommen, wird es ihr wesentlich leichter fallen, sich auch auf nächsthöherer Ebene zu öffnen.

**Welche Aufgaben kehren regelmäßig wieder?** Gerade die Pflege der Personaldaten muss jeden Monat erledigt werden. Hier ist es ratsam, sich das jeweilige Melde- bzw. Abgabedatum im Kalender deutlich, z. B. in Rot, zu vermerken und für die Erledigung, wenn möglich, eine feste Zeit einzuplanen.

**Welche Aufgaben haben verbindliche Terminvorgaben?** Viele Verwaltungsaufgaben und/oder Vorgaben des Trägers sind mit Abgabeterminen verbunden. Auch hier kann nach Datum sortiert werden. Welche Aufgaben müssen sofort erledigt werden, welche können noch warten?

**Welche Aufgaben haben sich erübrigt?** Aufgaben können wegfallen, weil z. B. personell umstrukturiert wurde oder die Vorgaben durch den Träger sich geändert haben. Manchmal gibt es Aufgaben oder Forderungen seitens des Trägers, die sich aufgrund veränderter Richtlinien oder der Einführung neuer Computerprogramme aufheben. Die so frei gewordene Zeit kann dann wieder für andere Aufgaben genutzt werden.

Prioritäten zu setzen bedeutet nicht, unangenehme Aufgaben systematisch aufzuschieben oder gar nicht zu erledigen, sondern lediglich, sich Gedanken über Wichtigkeit und Arbeitsabläufe zu machen. Trotz aller Planung ist es ratsam, sich eine gewisse Flexibilität zu bewahren und Zeitfenster zu haben, in denen ungeplante Aufgaben direkt erledigt werden können, frei nach dem Motto „Was weg ist, ist weg".

## 9 Verantwortung ja – Aufopferung nein! Wie gelingt die richtige Abgrenzung?

Warum übernehmen Menschen Führungspositionen? In erster Linie, weil sie sich nicht davor scheuen, Verantwortung zu tragen: Verantwortung für das eigene Handeln, für das Einbringen von eigenen Vorstellungen. In einer Kindertagesstätte gehört zur Führungsposition auch, Verantwortung dafür zu übernehmen, dass es den Kindern gut geht, sie optimal gefördert werden und dass Eltern und Träger mit der täglichen Arbeit zufrieden sind. Viele Kita-Leiterinnen haben, vor allem zu Beginn ihrer Leitungstätigkeit, einen hohen Anspruch, an sich selbst und auch an ihr Team; manche neigen zu übermäßiger Gründlichkeit bis hin zu Perfektionismus. Damit setzen sie sich selbst massiv unter Druck und leisten oft sogar viel mehr, als man von ihnen erwartet. Wird das, zum Teil selbst auferlegte, Arbeitspensum (z.B. durch besondere Projekte, Teilnahme an vielen Arbeitskreisen usw.) dauerhaft zu groß, steht am Ende nicht selten Erschöpfung, im schlimmsten Fall kann dies bis zu einem **Burn-out-Syndrom** (→ Frage 38) führen.

Um einer solchen, lang anhaltenden Belastung oder sogar Überforderung entgegenzuwirken, müssen Einrichtungsleiterinnen sich in bestimmten Situationen abgrenzen können. Das bedeutet, dass sie Eltern, Team und Träger, wenn nötig, klar signalisieren, dass es nicht immer möglich ist, alle Wünsche und Forderungen zu erfüllen. Viva Fialka sagt zum Thema Neinsagen: „[...] Neinsagen [ist] ein äußert effizientes Instrument der Burn-out-Prävention! Nicht nur das: Es macht auch selbstbewusster, stärker und unabhängiger und erhöht die Wahlmöglichkeiten in vielen Situationen.“ (Fialka 2011, S. 57)

Nein zu sagen im Sinne von Abgrenzung bedeutet für die Leiterin einer Kita, etwas abzulehnen, was von Eltern, dem Team, dem Träger oder von der Öffentlichkeit erwartet bzw. gefordert wird. Wer diese Erwartungen nicht erfüllt, kämpft häufig mit Gefühlen des Versagens oder der Angst vor möglichen Konsequenzen. Für die Leitung ist eine der wichtigsten Erkenntnisse: Es ist nicht immer alles zu schaffen! Die Kunst liegt darin zu entscheiden, was vorrangig erledigt werden soll, was später oder von jemand anderem erledigt werden kann und was vielleicht auch nicht erledigt werden muss. Wenn in der Kindertageseinrichtung über Wochen großer Personalmangel herrscht, muss das ein oder andere Elterngespräch verschoben werden oder ausfallen. Dass die Zeit, die dieses Gespräch und dessen Vorbereitung benötigt, unter den gegebenen Bedingungen lieber bei den Kindern direkt verbracht wird, damit diese nicht unter dem Personalmangel leiden, wird jeder Elternteil einsehen. Auch der Träger wird verstehen, wenn sich die Leiterin in solchen Situationen gegen eine Konferenz und für den Kinderdienst entscheidet. Wichtig ist hierbei, klare Entscheidungen zu treffen und diese den betroffenen Personen zu erläutern.

## 10 Was bedeutet es genau, Aufgaben zu delegieren?

Um alle geforderten Aufgaben zu erfüllen, aber auch der Gefahr der Überlastung entgegenzusteuern, hat die Leitung die Möglichkeit, einige Aufgaben an ihre Stellvertreterin oder an Teamkolleginnen zu delegieren. Durch das Übertragen von ursprünglichen Leitungsaufgaben zeigt sie der betreffenden Kollegin, dass sie deren Fähigkeiten erkennt, schätzt und dass sie in sie vertraut. Diese Wertschätzung sowie die Herausforderung, der sich die Kollegin stellt, wirken motivierend und fördern deren Selbstbewusstsein.

Gerade Kolleginnen, denen es aufgrund ihres Schul- bzw. Berufsabschlusses nicht möglich ist, eine eigene Leitungstätigkeit anzustreben, motiviert die Übernahme einer größeren Verantwortung in besonderer Weise - im besten Fall sogar, sich doch noch weiterzubilden. Kolleginnen, die evtl. mit dem Gedanken spielen, später selbst eine Leitung zu übernehmen, bekommen einen ersten Einblick in die Leitungstätigkeit und können nützliche Erfahrungen sammeln.

Allerdings lässt sich nicht jede Aufgabe abgeben und nicht jede Kollegin kann bzw. möchte auch jede Aufgabe übernehmen. Deshalb muss die übertragene Aufgabe den Fähigkeiten der betreffenden Kollegin entsprechend mit Bedacht ausgewählt werden. So kann z. B. die Kollegin, die sich in Belangen ihrer Gruppe als sehr zuverlässig und korrekt hervorgetan hat, die Essensabrechnung der Einrichtung übernehmen. Die Kollegin, die sich immer gern um den aktuellen Bestand der Spiel- und Bastelmaterialien der Einrichtung gekümmert hat, könnte für die Verwaltung dieser Bestände und die Bestellung der benötigten Materialien sorgen. Eine übertragene Aufgabe darf die ausgewählte Kollegin auf keinen Fall überfordern, sondern muss für sie gut zu bewältigen sein - sowohl, was den Umfang und die zeitlichen Anforderungen betrifft, als auch in Bezug auf ihre fachlichen und persönlichen Kompetenzen.

Delegierte Aufgaben sollten im Falle eines Personalwechsels nicht automatisch auf die Nachfolgerin übertragen werden, ohne dass vorher geklärt wird, ob diese die Aufgaben übernehmen möchte bzw. ob sie diesen gewachsen ist.

Das Delegieren vermeintlicher Leitungsaufgaben fällt nicht immer leicht, bedeutet es doch für die Einrichtungsleitung in gewisser Weise ein Loslassen: Einen Teil der Verantwortung, die ihr vom Träger übertragen wurde, gibt sie weiter und damit aus ihren Händen. Dieses Loslassen hat aber auch etwas Befreiendes. Für die Aufgaben, die bei der Leitung verbleiben, steht mehr Zeit zur Verfügung, sodass sie in der Regel sorgfältiger und zufriedenstellender erfüllt werden können.

Da die Verantwortung aller Einrichtungsbelange zuletzt aber doch bei der Leiterin liegt, ist es wichtig, dass diese sich regelmäßig mit den Kolleginnen über deren Aufgaben austauscht. Dies fördert zudem ganz nebenbei die **Kommunikation** (→ Frage 34) und stärkt die Zusammenarbeit.

## 11 Was kann der Einrichtungsleiterin helfen, alle anfallenden Aufgaben zu organisieren?

Es gibt einige praktische Organisationshilfen, um den Alltag der Kita-Leitung stressfrei zu bewältigen.

**Störungsfreier Raum:** Zunächst sollte die Leitung dafür sorgen, dass sie ihren Verwaltungsaufgaben möglichst störungsfrei nachkommen kann.

Eine offene Bürotür signalisiert Offenheit und Transparenz, allerdings lädt sie auch zum Eintreten und Verweilen ein. Um ungestört arbeiten zu können, empfiehlt es sich daher, die Tür geschlossen zu halten und ein entsprechendes Hinweisschild an der Tür anzubringen. Wenn wichtige Gespräche wie z. B. **Elterngespräche** (→ Frage 47) stattfinden, wird das Telefon für diese Zeit an eine Kollegin weitergegeben oder der Anrufbeantworter eingeschaltet. Über einen Anrufbeantworter sollte grundsätzlich jede Einrichtung verfügen, um auch in anderen Situationen ständige Unterbrechungen durch Anrufe zu vermeiden. Alle Nachrichten können anschließend abgehört werden. Allgemeine Informationen, wie Öffnungs- oder Sprechzeiten, lassen sich mit in die Ansage aufnehmen, sodass erste Fragen direkt beantwortet sind.

Es ist ratsam, allen Personen, die mit der Einrichtung in irgendeiner Art und Weise zu tun haben, eine aktuelle E-Mail-Adresse zu nennen. Anfragen per Mail haben den Vorteil, dass sie in Ruhe, wenn es die Situation am besten zulässt, „abgearbeitet“ werden können. Was Terminabsprachen betrifft, können auf schriftlichem Wege zudem Missverständnisse vermieden werden.

**Bürozeiten einrichten:** Häufig kommen nicht nur Kolleginnen, sondern auch Eltern oder Dritte unangekündigt mit Bitten oder Fragen ins Büro. Um gehäufte Störungen zu vermeiden, bietet sich die Festlegung von Sprechzeiten an. Auf diese können sich alle Beteiligten gleichermaßen einstellen.

**Das Ordner-Farbsystem:** Trotz zunehmender Digitalisierung in allen Bereichen des Alltags fällt im Büro einer Kita nach wie vor jede Menge Papier an. Sind die Unterlagen systematisch geordnet, lässt sich lästige und zeitraubende Sucherei vermeiden. Nicht nur für die Leitung selbst vereinfacht dies viele Arbeitsvorgänge. Auch die Kolleginnen, die Stellvertreterin oder eine Nachfolgerin im Falle eines Leitungswechsels kann sich schnell in den Unterlagen zurechtzufinden.

Am besten werden für die einzelnen Aufgabenbereiche Ordner angelegt, die anhand farbiger Rückenschilder gekennzeichnet sind und somit eine leichte Orientierung ermöglichen. Das Farbsystem kann auf die Eintragungen in den Terminkalender übertragen werden.

## 12 Was muss eine Einrichtungsleiterin alles können, um ihrer Rolle gewachsen zu sein?

Die Aufgabe der Einrichtungsleiterin ist es, dafür zu sorgen,

- dass die Kinder in ihrer Entwicklung unterstützt, gefördert, optimal und liebevoll betreut sind;
- dass die Familien dieser Kinder von der Kindertagesstätte begleitet werden;
- dass die Erzieherinnen im Sinne einer guten Entwicklung eng mit den Familien zusammenarbeiten;
- dass das Team geführt wird;
- dass die konzeptionellen Vorgaben und wirtschaftlichen Interessen des Trägers Berücksichtigung finden.

Um all diesen Anforderungen gerecht zu werden, muss die Leiterin verschiedene Voraussetzungen erfüllen.

**Fachliche Kompetenzen:** Die Einrichtungsleitung muss über ein fundiertes pädagogisches Fachwissen verfügen. Dieses umfasst weitreichende Kenntnisse der frühkindlichen Bildung bis hin zu den verschiedensten Aspekten der Entwicklungspsychologie des Kindes. Sie muss in der Lage sein, ihr Wissen an Kolleginnen, Eltern, aber auch an die **(Fach-)Öffentlichkeit** (→ Frage 13) weiterzugeben. Um die gesamte Organisation der Kita zu leiten, benötigt sie weiterhin ein umfangreiches Management-Wissen in den Bereichen des Sozial- und **Qualitätsmanagements** (→ Fragen 5, 6). Nur so lassen sich Strukturen, Abläufe und Rahmenbedingungen entwickeln, hinsichtlich Erreichbarkeit und Effektivität regelmäßig prüfen und ggf. optimieren. Nicht zuletzt muss die Leiterin über ein umfangreiches **betriebswirtschaftliches Wissen** (→ Fragen 19, 20) verfügen, um auch diesbezüglich alle Vorgaben des Trägers, des Landes und des Bundes erfüllen zu können.

Viele pädagogische Fachkräfte bewerben sich auf eine Leitungsstelle, nachdem sie bereits einige Zeit als stellvertretende Leitung tätig waren. Wenn die Zusammenarbeit mit der Leitung in dieser Zeit eng war, konnte die Stellvertreterin bereits ein umfangreiches Wissen in allen Bereichen der Leitungstätigkeit erlangen. Die meisten neuen Leiterinnen wissen gerade im Verwaltungsbereich recht gut, was auf sie zukommt. Zusätzlich bieten gerade größere Träger zur Vorbereitung Leitungsschulungen an.

Die größere Herausforderung für eine neue Leiterin liegt häufig eher in der Teamführung und der Elternarbeit. Deshalb ist es ratsam, Fortbildungen im Bereich Team-, Gesprächsführung und Rhetorik zu besuchen.

Einige Bereiche, wie z. B. Belehrungen zur Lebensmittelhygiene, zum Brandschutz oder Erste-Hilfe-Kurse, müssen immer wieder aufgefrischt werden. Auch hierzu geben die Träger in der Regel Fortbildungen oder ermöglichen ihrem Leitungspersonal die Teilnahme an externen Schulungen.

**Kenntnisse über Befugnisse und Entscheidungsgewalt:** Die Leitung muss genau wissen, welche Befugnisse und Entscheidungsgewalt sie mit ihrer Funktion übernimmt. Diese können von Träger zu Träger unterschiedlich aussehen und sollten z. B. in einer Arbeitsplatzbeschreibung oder Einführungsmappe schriftlich festgelegt sein. Viele Träger bieten zur Vorbereitung neuer Führungskräfte gezielte Führungsseminare bzw. Schulungen an. Die Fixierung aller Aufgaben und Befugnisse dient der Orientierung, gibt Sicherheit, bedeutet aber auch Verbindlichkeit: Im Bedarfsfall können sich die Einrichtungsleitung und der Träger auf einzelne Vereinbarungen berufen.

**Persönliche Kompetenzen:** Die Leitung innezuhaben bedeutet, eine zentrale Rolle zu übernehmen. Wer sich für diese Funktion entscheidet, sollte sich daher nicht scheuen, im Mittelpunkt zu stehen. Die Leitung ist in vielen Bereichen eine Art Schaltstelle und muss daher in erster Linie über eine gute **Kommunikationsfähigkeit** (→ Frage 13) verfügen.

Um Entwicklungsprozesse in der Einrichtung zu begleiten und zu fördern, ist ein regelmäßiges Hinterfragen des eigenen Verhaltens, aber auch des Verhaltens der Kolleginnen unerlässlich. Die Leiterin muss in der Lage sein, den Kolleginnen sachliche und konstruktive **Kritik** (→ Frage 36) zu geben, ebenso wie sie selbst für die Kritik von anderen offen sein muss. Auch wenn es nicht immer einfach ist, Fehler einzugestehen: Wer die Kritik seiner Kolleginnen, egal welche Position sie innerhalb eines Teams einnehmen, ernst nimmt und sein Verhalten, seine Entscheidung oder Position daraufhin überdenkt, ggf. sogar ändert, zeigt sich echt und empathisch und wird daher umso mehr von seinem Team geschätzt. Einer Leitung hingegen, die keine anderen Meinungen als die eigene gelten lässt, wird es auf Dauer nicht gelingen, ein zufriedenes, stabiles Team zu bilden.

## 13 Warum ist eine gute Kommunikationsfähigkeit eine der wichtigsten Voraussetzungen für die Leitungstätigkeit?

Eine der wichtigsten Voraussetzungen, um die Führungsrolle in der Kita kompetent ausfüllen zu können, ist eine ausgeprägte Kommunikationsfähigkeit. Die Einrichtungsleiterin kommuniziert tagtäglich mit verschiedenen Menschen, auf verschiedenen Ebenen und zu verschiedenen Inhalten. Und jede Situation bedarf einer unterschiedlichen Art der Kommunikation.

**Sprechen vor Publikum:** Freies, lautes und deutliches Sprechen, z. B. im Rahmen eines Festes oder Elternabends, sollte für eine Kita-Leiterin kein Problem darstellen. Viele Träger bieten hierfür Schulungen zur Rhetorik und zum freien Sprechen an. Dort lernt die Leiterin verschiedene Sprechtechniken sowie ohne Hemmungen vor einem größeren Publikum zu reden.

Tipp: Nicht nur für Leiterinnen, sondern auch für die pädagogischen Mitarbeiterinnen einer Kita sind aufgrund der hohen Stimmbelastung im Berufsalltag Seminare zu Stimmbildung äußerst empfehlenswert.

**Kommunikation innerhalb des Teams:** So viele Menschen es in einem Team gibt, so viele verschiedene Meinungen, Ansichten oder Einschätzungen über ein Thema bzw. eine Situation treffen auch aufeinander. Egal, worum es geht: Grundvoraussetzungen für eine gelungene Kommunikation innerhalb des Teams sind Ehrlichkeit und Kongruenz (Echtheit). Dabei ist darauf zu achten, dass Meinungen und Kritik immer sachlich und konstruktiv bleiben. Sagt die Leiterin einer Kollegin, dass sie deren Vorschlag interessant findet, verdreht dabei aber die Augen, wirkt sie wenig echt und löst bei ihrem Gegenüber durch ihr Verhalten Unsicherheit aus. Auch Ironie oder Sarkasmus können falsch ankommen und auf Dauer dazu führen, dass die Leiterin als Vorgesetzte an Respekt einbüßt. Die Leiterin sollte stets in der Lage sein, ihre Einstellung oder ihren Standpunkt zu einem Thema schlüssig zu erklären, außerdem zuhören, sich zurücknehmen können und Empathie zeigen. In der Kommunikation in und mit dem Team besteht für die Leiterin die Herausforderung darin, sowohl als Vermittlerin zu fungieren als auch klare Positionen zu vertreten. Dies kann manchmal bedeuten, dass sie dem Team, einzelnen Kolleginnen oder Eltern in deren Wünschen und Forderungen klare Grenzen setzen muss, selbst wenn diese z. B. durch gesetzliche oder Trägervorgaben bestimmt sind und ihren eigenen Vorstellungen nicht entsprechen.

**Kommunikation mit Eltern:** Eltern stellen sehr unterschiedliche Erwartungen und Forderungen an die pädagogische Arbeit der Kita, in die sie ihre Kinder geben. Die Erziehungsvorstellungen von Eltern sind so individuell wie die Kinder! Diese verschiedenen Erziehungsvorstellungen mit den konzeptionellen Bedingungen der Kita unter einen Hut zu bringen, ist die Basis einer gelungenen Zusammenarbeit mit Eltern. Aufgabe der Leiterin ist es, den Eltern mithilfe der schriftlich festgelegten **pädagogischen Konzeption** (→ Frage 2), durch ihre **Fachkompetenz** (→ Frage 12), Erfahrung oder einfach durch empathisches Zuhören Begleitung, Unterstützung und Sicherheit zu geben. Auch wenn die Eltern während ihrer Zeit in der Kita überwiegend mit ihren jeweiligen Gruppenerzieherinnen in Kontakt stehen, ist es für die Leiterin wichtig, sich stets mit dem familiären, bildungs- und kulturellen Hintergrund der Familien vertraut machen, um diese besser verstehen und **beraten** (→ Frage 47) zu können. Dies kann über die direkte Kommunikation mit den Eltern selbst geschehen, aber auch im regelmäßigen Austausch mit den Teammitgliedern. Selbst wenn die Leiterin vom Gruppendienst freigestellt ist, sollte sie die Lebens- und Familiensituation der Kinder, welche die Einrichtung besuchen, kennen. Sie hat die Aufgabe, Rahmenbedingungen zu schaffen (z. B. genügend Zeit für Elterngespräche, Vorbereitungszeiten), die es ermöglichen, dass in der Einrichtung zwischen allen Personen eine offene und konstruktive Kommunikation stattfindet.

**Kommunikation mit dem Träger:** In der Zusammenarbeit und der Kommunikation mit dem Träger hat die Leiterin meist, wie auch innerhalb des eigenen Teams, eine vermittelnde Funktion. Zum einen hat sie die Vorgaben des Trägers zu erfüllen und zu vertreten, zum anderen sollte sie als Sprecherin für die Eltern und das Team fungieren und deren Wünsche oder Forderungen (z. B. nach längeren Öffnungszeiten, gesundheitsfördernde Maßnahmen für Teammitglieder) an den Träger (→ Frage 23) weitergeben.

**Kommunikation mit der breiten Öffentlichkeit:** Auch über die Grenzen der Einrichtung hinaus gibt es Situationen, in denen die Leitung mit unterschiedlichen Kommunikationspartnern (→ Fragen 50, 52–54) zusammentrifft. Diese reichen von Veranstaltungen wie dem Tag der offenen Tür, der Teilnahme an Arbeitskreisen, dem Austausch mit anderen Kita-Leitungen bis hin zu Sitzungen mit anderen pädagogischen Fachkräften. Auch in diesen Situationen benötigt die Leiterin für eine gelungene Kommunikation neben einem fundierten pädagogischen und wirtschaftlichen Fachwissen viel Einfühlungsvermögen und rhetorische Grundfertigkeiten.

## 14 Wie lässt sich die Herausforderung der Doppelbelastung durch Leitungsaufgaben und Gruppendienst bewältigen?

Die Leitung einer Kindertagesstätte zu übernehmen bedeutet nicht automatisch, dass man für die Aufgaben, die diese Funktion mit sich bringt, freigestellt wird. Im schlimmsten Fall müssen die zusätzlich anfallenden Aufgaben mehr oder weniger nebenbei erledigt werden. Dass hier der ein oder andere Bereich leicht „auf der Strecke bleiben“ kann und die Leitung zudem stark belastet wird, liegt auf der Hand.

Die Leitung muss eine große Rollendiskrepanz aushalten, wenn sie neben ihrer Leitungsfunktion auch als Gruppenerzieherin tätig ist. Als Leiterin ist sie schon aufgrund ihrer erweiterten dienstrechtlichen Befugnisse (→ Frage 15) kein Teil des Teams (→ Frage 26) mehr, in ihrer Funktion als Erzieherin ist sie dies aber schon. Diese zwei Bereiche für alle Beteiligten – d. h. die direkten Kolleginnen sowie die Gruppeneltern – immer klar zu trennen, ist kaum möglich. Die Leiterin leidet in einem solchen Fall oft unter dem Gefühl der Zerrissenheit: Ist sie im Büro tätig, fehlt sie in der Gruppe. Ist sie im

Kinderdienst, bleibt die Verwaltungsarbeit liegen. Nicht selten hat eine Leiterin dann das Gefühl, keinem Bereich wirklich gerecht zu werden. Auch stellvertretende Leiterinnen haben häufig mit diesem Problem zu kämpfen.

Ist die Leiterin voll in der Gruppe angerechnet, müssen sich die Kolleginnen immer wieder auf längere Abwesenheiten einstellen, die Leiterin über gruppeninterne Vorgänge genauestens informieren und deren Vorstellungen in die pädagogische Arbeit miteinbeziehen. Der Gruppenalltag ist dann von Unterbrechungen und zum Teil kurzfristigen Veränderungen geprägt, sodass ein längerfristiges Planen deutlich erschwert wird.

Hier sind deshalb klare Absprachen und die Zuteilung von Aufgaben und Befugnissen innerhalb der Gruppe unabdingbar. Die Leiterin kann schon aufgrund mangelnder Zeit nicht auch noch als Gruppenleitung tätig sein und muss diese Funktion zwangsläufig auf eine Kollegin übertragen. Im besten Fall arbeiten alle Kolleginnen der Gruppe gleichberechtigt zusammen und tragen gruppeninterne Entscheidungen gemeinsam. So muss die Leiterin nicht auf der einen Seite Führungskraft sein und sich auf der anderen Seite der Kollegin unterordnen. Dieser Rollenkonflikt wäre auf Dauer weder von der Gruppenleiterin noch von der Einrichtungsleiterin zu bewältigen.

Wenn dies in der Praxis möglich ist, sollte die Einrichtungsleiterin keiner Gruppe fest zugeteilt, sondern vielmehr als Roulierkraft eingesetzt sein. Sie kann so in jeder Gruppe aushelfen, Ideen einbringen und unterstützend tätig sein, trägt aber nicht direkt die Verantwortung für die Abläufe und die Organisation in der Gruppe. In dieser roulierenden Funktion lernt sie den Alltag, die Kinder und Familien aller Gruppen kennen. Sie bekommt zudem einen Eindruck davon, wie die einzelnen Kolleginnen bestimmte Arbeitsabläufe durchführen.

Kann die Leiterin sich vollständig auf ihre Leitungstätigkeit konzentrieren, ist die Arbeitseffizienz meist wesentlich höher. Für die Kolleginnen in der Gruppe wird dadurch zudem die Situation insofern leichter, als sie die Leiterin nicht mehr unmittelbar in ihre Planung einbeziehen bzw. sie bei kurzfristigen Abwesenheiten ersetzen müssen. Natürlich sollte es trotzdem jederzeit möglich sein, dass die Leiterin in besonderen Situationen (z. B. bei Personalengpässen) in den Gruppen aushilft.

Einen Nachteil hat die Beschränkung auf die Leitungstätigkeit in der Praxis aber auch: Die Leiterin ist nicht unmittelbar in das pädagogische Geschehen der Einrichtung involviert. Sie muss deshalb umso mehr darauf achten, dass sie dennoch die Dinge und Abläufe des pädagogischen Alltags im Blick behält.

# Fragen und Antworten zu:

# Weit entfernt von den ursprünglich erlernten pädagogischen Aufgaben – Die Verwaltungs- und Steuerungsaufgaben der Einrichtungsleitung

## 15 Was versteht man unter Dienst- und Fachaufsicht?

Welche Verwaltungsaufgaben der Träger der Einrichtungsleiterin überträgt, wird im Arbeitsvertrag und/oder in einer Arbeitsplatzbeschreibung genau definiert, schriftlich und damit verbindlich festgelegt.

Mit der Übernahme ihrer neuen Funktion bekommt eine Leiterin vom Träger (je nach Träger in unterschiedlich großem Umfang) die sogenannte Dienst- und Fachaufsicht über das gesamte Team – also die Stellvertreterin, das pädagogische Fachpersonal, die Praktikantinnen und, wenn vorhanden, auch die hauswirtschaftlichen Mitarbeiterinnen – übertragen.

Unter die Dienstaufsicht fallen die Einhaltung und Regelung personeller Belange, wie z. B. die Planung des **Personaleinsatzes** (→ Frage 16), die Genehmigung von Fort- und Weiterbildungsmaßnahmen, Urlauben, Dienstreisen und sonstigen Dienstbefreiungen sowie die Meldung von Dienstunfällen.

Die Fachaufsicht zu übernehmen beinhaltet vor allem, dafür zu sorgen, dass die Arbeitsabläufe von den jeweiligen Mitarbeiterinnen korrekt ausgeführt werden, so z. B. die Überwachung der regelmäßigen Lebensmittelhygienebelehrung der Küchenkraft oder die Einhaltung und stetige Weiterentwicklung des pädagogischen Konzeptes durch das Erziehungspersonal.

## 16 Um welche Personalangelegenheiten muss sich die Leitung kümmern?

**Pflege von Personaldaten:** Die Leiterin führt, ebenso wie der Träger, eine Personalakte über jede Person, die in der Einrichtung tätig ist. In dieser Akte finden sich personenbezogene Daten wie z. B. Name und Adresse, Geburtsdatum, ggf. Konfession, Dienstjahre, Eingruppierung bzw. Gehalt. Weiterhin werden hier Zeugnisse oder Beurteilungen aus anderen Einrichtungen, Einsatzpläne, Anwesenheits- und Abwesenheitsübersichten sowie Gesundheits- und Führungszeugnisse, die die Leitung führt, abgeheftet. In welcher Form die Personalakten geführt werden, ob es dafür vorgefertigte Formulare gibt oder die Leiterin entsprechende Vorlagen selbst erstellt und welche Daten darin aufgenommen werden, hängt vom Träger ab. Gerade größere Träger bieten eigene Schulungen zum Thema Formulare an.

**Datenschutz:** Im Sinne des Datenschutzes (→ Frage 17) sind alle personenbezogenen Daten von der Leiterin sicher aufzubewahren und nicht an Dritte weiterzugeben. (Eine Ausnahme bildet in gewissen Bereichen die stellvertretende Leiterin, die natürlich über die meisten Daten Bescheid wissen und diese ggf. pflegen muss.) Unter den Datenschutz fallen auch die Protokolle der jährlich zu führenden Mitarbeitergespräche (→ Frage 39). Solche Unterlagen sind in einem abschließbaren Schrank aufzubewahren, zu dem nur die Leiterin Zugang hat.

Auf in Kopie aufbewahrten Zeugnissen oder Beurteilungen (z. B. von ehemaligen Praktikantinnen), welche als Muster in der Einrichtung verwahrt werden, sollten alle Angaben, die Rückschlüsse auf die Person zulassen (wie Name, Geburtstag, Adresse), geschwärzt sein.

**Personaleinsatzplanung:** Die Leiterin ist im Rahmen der Dienstaufsichtspflicht (→ Frage 15) verantwortlich für die Einsatzplanung, die Gestaltung des Dienstplans sowie die Genehmigungen von Abwesenheiten der Kolleginnen und kontrolliert in dieser Funktion auch die Arbeitszeitnachweise. Durch das Führen von Anwesenheitslisten von Personal und Kindern (in den meisten Fällen geschieht dies heutzutage durch eine entsprechende Software) stellt die Einrichtungsleiterin sicher, dass bei der Planung der Betreuungsschlüssel eingehalten wird. Ist dies aufgrund von hohen Personalausfällen nicht möglich, hat die Leiterin dies dem Träger unverzüglich zu melden. Wird der Betreuungsschlüssel länger nicht eingehalten, geht dies zu Lasten der Kinder und des verbleibenden Personals, darüber hinaus ist es aber auch für den Träger förderschädlich.

**Dokumentation zur Einhaltung der gesetzlichen Förderung:** Der Bundesgesetzgeber überträgt im Sozialgesetzbuch VIII „das Nähere über Inhalt und Umfang der in diesem Abschnitt geregelten Aufgaben und Leistungen" (§ 26 SGB VIII) auf die Länder. Der Freistaat Bayern z. B. regelt den Anstellungsschlüssel und die damit verbundenen Zuschüsse in einer eigenen Rechtsverordnung neben dem Bayerischen Kinderbildungs- und -betreuungsgesetz (§ 17 AVBayKiBiG). Wie die gesetzlichen Bestimmungen in den einzelnen Bundesländern lauten, lässt sich im Internet nachlesen oder beim Träger erfragen. Um den gesetzlichen Anstellungsschlüssel einzuhalten und auch Zuschüsse nicht zu verlieren, muss die Leiterin regelmäßig den „Soll-Stand" und den „Ist-Stand" des Personals an die dafür zuständigen Stellen und den Träger melden.

**Arbeitsrechtliche Befugnisse:** Im Falle einer dienstlichen Verfehlung einer Kollegin muss die Leitung, als Vertreterin des Trägers, mitunter auch

arbeitsrechtlich tätig werden. In welchem Umfang und in welcher Form sie dies tut, hängt entscheidend davon ab, welche Befugnisse ihr hierfür vom Träger übertragen werden. Wenn diese nicht im Rahmen des Arbeitsvertrages oder in der Stellenbeschreibung ohnehin näher definiert sind, sollte die Leiterin sie sich unbedingt vom Träger schriftlich aushändigen lassen.

Es gibt verschiedene Maßnahmen, nach denen im Falle einer dienstlichen Verfehlung einer Kollegin zu handeln ist. In der sogenannten Aktennotiz hält die Leiterin leichte, in der Regel einmalig aufgetretene Verfehlungen fest. Sie dient in erster Linie der Dokumentation eines Vorfalls und sollte im besten Fall im Beisein der betroffenen Kollegin nieder- und dann von Leiterin und Mitarbeiterin unterschrieben werden. Vor einer solchen Aktennotiz steht meistens eine formlose mündliche Belehrung bzw. Ermahnung, welche die Einrichtungsleiterin ausspricht und schriftlich festhält. Die Aktennotiz bleibt für die Kollegin ohne weitere arbeitsrechtliche Folgen.

Im Bedarfsfall muss die Leiterin offizielle Dienstanweisungen aussprechen, die dann unbedingt zu befolgen sind. Dies kann z. B. ein neuer Verfahrensweg sein oder eine Anweisung, die sonst vielleicht von den Betroffenen nicht zwingend befolgt werden würde, wie etwa ein stets pünktliches Antreten der Dienstzeit.

Eine Abmahnung zeigt der betreffenden Kollegin deutlich, dass eine bestimmte von ihr gezeigte Verhaltensweise nicht weiter geduldet wird. Die Abmahnung ist die erste Androhung auf Beendigung des Arbeitsverhältnisses. Abmahnungen spricht meistens der Träger aus, er kann diese Aufgabe aber auch auf die Leiterin der Kindertagesstätte übertragen. Die Abmahnung muss grundsätzlich in einer angemessenen Zeitspanne nach dem Fehlverhalten erfolgen. Sie hat unterschiedliche Funktionen zu erfüllen:

- Beweis- und Dokumentationsfunktion: Normalerweise geht der Abmahnung ein längerer Prozess voraus. Jede Situation, die durch das Fehlverhalten der Kollegin geprägt wurde, sowie jedes mit ihr diesbezüglich geführte Gespräch sollte lückenlos und mit Vermerk von Datum, Uhrzeit, Zeugen und weiteren Vereinbarungen genau dokumentiert werden.
- Hinweisfunktion: Die Abmahnung soll die betreffende Mitarbeiterin darauf hinweisen, dass ihr Verhalten nicht geduldet wird und unbedingt im Sinne des Betriebes, also der Kindertagesstätte, zu ändern ist.
- Warnfunktion: Die Abmahnung sollte immer weitere Konsequenzen, z. B. die Möglichkeit einer Versetzung, aufzeigen für den Fall, dass sich das Verhalten der Mitarbeiterin nicht verändert bzw. es in der Zukunft zu weiteren groben Verfehlungen kommt.

Unabhängig davon, in welcher Form und in welchem Umfang der Träger der Leiterin arbeitsrechtliche Befugnisse überträgt: Kündigungen spricht nur der Träger selbst aus. Die Leiterin hat allerdings die Aufgabe, ihm durch eine lückenlose, meist über einen längeren Zeitraum stattfindende Dokumentation die Grundlage der Kündigung zu liefern.

**Sicherstellen der Einhaltung von Verordnungen und Vorschriften:** Im Sinne der Gesundheitsförderung ist die Leiterin verpflichtet, alle Teammitglieder (hierzu gehören auch Kurzzeit-Praktikantinnen) regelmäßig, in der Regel aber einmal jährlich, in der Einhaltung des **Infektionsschutzgesetzes** (→ Frage 21) und der Lebensmittelhygienevorschriften zu unterweisen. Hierbei ist sie verpflichtet, Anwesenheitslisten zu führen und bei einer Überprüfung, z. B. durch Träger und/oder Gesundheitsamt, die entsprechenden Nachweise vorzulegen.

Die Leiterin selbst wird meistens durch Referenten des Trägers geschult und fungiert anschließend als Multiplikatorin. In den meisten Fällen findet die Belehrung jeder Kollegin und jeder Praktikantin zu ihrem jeweiligen Dienstantritt statt und dann einmal jährlich im Rahmen einer Teamsitzung.

**Das Erstellen von Beurteilungen und Arbeitszeugnissen:** Die Leiterin ist verpflichtet, auf Wunsch einer Mitarbeiterin oder wenn diese die Einrichtung verlässt, eine Beurteilung bzw. ein Arbeitszeugnis zu erstellen. Auch der Träger kann die Leiterin hierzu auffordern. Üblicherweise findet sich darin eine kurze Beschreibung des gesamten Arbeitsumfeldes, gefolgt von der genaueren Darstellung des Einsatzes der Kollegin, der von ihr übernommenen Aufgaben, einer Beurteilung der pädagogischen Leistung, aber auch des persönlichen Verhaltens gegenüber den Kindern, deren Eltern und innerhalb des Teams. Abschließend folgt eine Einschätzung der Arbeitseignung, vor allem dann, wenn die Kollegin die nächsthöhere Position anstrebt.

Auch wenn in vielen Fällen die Einrichtungsleiterin nur einen Entwurf für ein Arbeitszeugnis oder einer Beurteilung schreibt, welche der Träger dann in seinem Sinne ausformuliert, ist es ratsam, dass sie sich anhand einschlägiger Fachliteratur über das richtige Schreiben von Zeugnissen informiert. Einige größere Träger bieten zu diesem Thema Schulungen an.

Gerade in der **Ausbildung der Praktikantinnen** (→ Frage 55) verfasst das pädagogische Fachpersonal eigenständig die von den verschiedenen Ausbildungsstellen geforderten Beurteilungen. Diese sollten allerdings vor der Abgabe immer der Leitung zur Ansicht vorgelegt werden.

**Personalauswahl und Vorstellungsgespräche:** Selbst wenn der Träger neu zu besetzende Stellen selbst ausschreibt, dürfen Leiterinnen sich an der anschließenden Personalauswahl beteiligen. In welchem Umfang diese Beteiligung stattfindet, wird von Träger zu Träger unterschiedlich gehandhabt.

Um herauszufinden, ob eine Bewerberin ins Team und zur Einrichtung passt, findet ein Vorstellungsgespräch vor Ort statt. Neben der Einrichtungsleitung und der eingeladenen Bewerberin nimmt daran in der Regel auch eine Kollegin aus der entsprechenden Gruppe oder die Stellvertreterin teil. Gerade kleinere Träger verfahren hingegen häufig so, dass das erste Vorstellungsgespräch direkt mit Trägervertreter und Leiterin geführt wird.

Bei diesem Gespräch macht sich die Leiterin ein Bild von den persönlichen und fachlichen Kompetenzen der Bewerberin, stellt dieser aber auch die Einrichtung mit pädagogischen Schwerpunkten sowie die daran anknüpfenden Erwartungen vor. Im besten Fall ermöglicht die Leiterin der Bewerberin, stunden- oder sogar tageweise in der Einrichtung bzw. betreffenden Gruppe zu hospitieren. So bekommen alle Beteiligten, also die eventuelle neue Kollegin selbst, die Leiterin und weitere Teammitglieder, einen Eindruck davon, wie die Zusammenarbeit aussehen könnte. Im Anschluss daran informiert die Leiterin den Träger über ihre Einschätzung. Abschließend entscheidet, nach eingehender Beratung mit der Kita-Leitung, der Träger über die Einstellung der Bewerberin.

## 17 Welche Kindsdaten muss die Leitung führen?

Neben den Personalakten (→ Frage 16) führt die Leiterin die Akten mit den Daten der Kinder. Diese umfassen neben den persönlichen Daten wie Name, Geburtsdatum, Staatsangehörigkeit und Adresse Angaben zu den Sorgeberechtigten sowie wichtige Informationen zum Gesundheitszustand des Kindes (z. B. Allergien, chronische oder Vorerkrankungen) und zu seinem Impfstatus. Die medizinischen Informationen stellt meist vor Eintritt des Kindes in die Kindertageseinrichtung der behandelnde Kinderarzt aus.

**Datenschutz:** Wie bei den personenbezogenen Daten der Mitarbeiterinnen (→ Frage 16) gilt auch bei den Kindsdaten die besondere Wahrung des Datenschutzes. Deshalb müssen diese Daten ebenfalls unzugänglich für Dritte, wie z. B. andere Eltern oder Besucher der Einrichtung, aufbewahrt werden.

**Aufnahmeverfahren:** Im Zuge der Aufnahme eines Kindes vereinbart die Leiterin mit den Eltern innerhalb des Betreuungsvertrages die Betreuungs- bzw. Buchungszeiten. Sie hält schriftlich fest, wer außer den Sorgeberechtigten eine Abholgenehmigung besitzt. Zum Schutz der Kinder und zur eigenen Sicherheit sollten solche Abholgenehmigungen schriftlich und mit Kopie eines Lichtbildausweises vorliegen und regelmäßig auf ihre Aktualität geprüft werden. Für diese Genehmigungen empfiehlt es sich, einen eigenen Ordner anzulegen, auf den alle Mitarbeiterinnen der Einrichtung (aber nur diese) Zugriff haben. Zur Aufbewahrung des Ordners eignet sich z. B. ein verschließbarer Schrank im Personalzimmer.

Wichtig: Zusätzlich sollte die Einrichtungsleiterin vor der Aufnahme des Kindes von den Eltern eine vom behandelnden Kinderarzt ausgestellte aktuelle Gesundheitsbescheinigung fordern.

**Anmeldung des Kindes:** Die Leiterin meldet alle Abwesenheiten bzw. Betreuungszeiten der Kinder sowie Beginn und Beendigung oder Änderungen des Betreuungsvertrages an die für die Berechnung von Betreuungskosten oder Zuschüssen (→ Frage 16) zuständigen Stellen der Kommune. Sollte ein Kind besondere Bedürfnisse haben und die Einrichtung dafür Inklusions- oder Integrationsplätze anbieten, sind die diesbezüglich zu erhebenden Daten (wie z. B. Art und Umfang einer Behinderung, behandelnde Ärzte, Zusammenarbeit mit externen Fachdiensten) ebenfalls von der Leitung im Kindsordner anzulegen und zu verwalten.

**Wartelisten und Platzverfahren:** Die Leiterin verwaltet die Warte- oder Vormerkliste interessierter Eltern und wählt die Kinder nach den Vorgaben ihres Trägers, z. B. nach Dringlichkeitsstufen und/oder auf Grundlage pädagogischer Gesichtspunkte (geschwisterähnliches Gefüge, Alter, Geschlecht), zur Aufnahme in die Einrichtung aus.

## 18 Was bedeutet Inventar- und Gebäudeverwaltung?

Der Leiterin obliegt in den meisten Einrichtungen die Inventar- und Gebäudeverwaltung. Inwieweit ihr hier Befugnisse in den einzelnen Bereichen übertragen werden, hängt vom jeweiligen Träger ab.

Zur Inventarverwaltung wird in manchen Einrichtungen, gerade bei größeren Trägern, das Inventar in sogenannten Bestands- und Inventarlisten nach Anschaffungswert und Raum katalogisiert. Aufgabe der Leiterin ist es dann, alle Anschaffungen und Abgänge (also auch Einrichtungsgegenstände, die entsorgt oder weitergegeben werden) mit den entsprechenden Kosten schriftlich festzuhalten und ordnungsgemäß abzurechnen. In der Regel werden in einer solchen Liste nur Einrichtungsgegenstände, die über einem gewissen Anschaffungswert liegen (also kein kleineres Spielzeug o. Ä.) geführt.

Ist die Leiterin für die Gebäudeverwaltung zuständig, bedeutet dies, dass sie sich um den Bauunterhalt kümmert. Dazu gehört, dass sie Schäden an den Träger oder die zuständige Abteilung meldet sowie nötige Um- und Ausbaumaßnahmen am und um das Gebäude begleitet. Grundsätzlich sollte sie über alle das Gebäude und das Gelände betreffende **Sicherheitsvorschriften** (→ Frage 21) Bescheid wissen (Unfallverhütung, Brandschutz usw.). Als Sicherheitsbeauftragte der Einrichtung muss die Leitung das Gebäude jährlich auf Mängel und mögliche Gefahrenquellen prüfen und ggf. Gefahren oder Baufälligkeiten an die zuständige Trägervertretung weitergeben. Wichtig ist auch die regelmäßige Schulung der Mitarbeiterinnen, damit diese die geltenden Sicherheitsvorschriften kennen und in ihren Gruppenräumen umsetzen können.

Zum Bauunterhalt gehören weiterhin das Gebäude betreffende Hygienemaßnahmen (z. B. Schädlingsbekämpfung) oder die Beauftragung des Winterdienstes.

Die Einhaltung der Brandschutzvorschriften und die diesbezügliche Meldung von Mängeln gehören zu den wichtigsten Aufgaben des Bauunterhalts. Hierzu zählen die Wartung der Feuerlöscher, die Überprüfung der Brandschutztüren und die regelmäßige Schulung des Personals zum Thema **Brandschutz** (→ Frage 21). Hierfür gibt es entweder Sachbeauftragte des Trägers, welche die Überprüfungen durchführen und die Leitungen schulen, oder es werden von der Feuerwehr selbst Beauftragte geschickt.

Wichtig: Zur eigenen Sicherheit sollte die Leiterin mindestens einmal im Jahr mit dem gesamten Team eine Brandschutzübung durchführen. Notausgänge und Feuerlöscher müssen für jede Person, welche die Einrichtung betritt, gut sichtbar gekennzeichnet sein. Ab einem gewissen Alter der Kinder (Grundschulalter) können diese an der Übung teilnehmen. Sind die Kinder unter drei Jahre alt, sollte die Übung allerdings ohne sie stattfinden.

## 19 Welche Aufgaben umfasst die Buchhaltung?

Einrichtungsleiterinnen werden in jüngster Zeit gerne Einrichtungsmanagerinnen genannt, denn sie benötigen ein grundlegendes Wissen in Buchhaltungs- und Finanzbelangen der Einrichtung.

Sie sind für die Gestaltung, Durchführung und Kontrolle des Wirtschaftsplanes der Einrichtung mitverantwortlich. Die meisten Einrichtungen verfügen über eine Bargeldkasse für Anschaffungen. Die Leitung sorgt hier für die korrekte Abwicklung der Ausgaben und die kontinuierliche Führung eines Kassenbuches. Oft verwalten Einrichtungsleiterinnen neben der Bargeldkasse auch Bankkonten, über die der Zahlungsverkehr bei größeren Anschaffungen abgewickelt wird.

Zur Verwaltung der Finanzen gehört z. B. auch der Umgang mit Spielgeldern (per Überweisung oder in bar) und Spenden inklusive des Ausstellens von Spendenquittungen.

Es gibt Träger, die ihren Leiterinnen pro Kita-Jahr zweckgebundene Etats für verschiedene Anschaffungen zur Verfügung stellen. Diese kann die Einrichtung dann nach eigenen Vorstellungen für die jeweiligen Bereiche nutzen. Auch hier muss die Leitung allerdings über alle Ausgaben, die sie getätigt hat, genau Buch führen.

Wenn der Träger nicht selbst diese Aufgabe übernimmt, ist die Leitung verpflichtet, zum Jahresende einen sogenannten Jahresabschluss anzufertigen und dem Träger zur weiteren Bearbeitung oder Überprüfung zu übermitteln.

## 20 Welche allgemeinen Verwaltungsaufgaben werden noch mit der Leitungsposition einer Kita übernommen?

Neben den bereits beschriebenen **Aufgaben** (→ Fragen 15–19) übernimmt eine Einrichtungsleiterin je nach Träger ggf. noch weitere Zuständigkeiten.

So gehört in vielen Einrichtungen das Führen von Statistiken, z. B. über Belegungszahlen oder den Migrationsanteil, genauso zu den Aufgaben der Leiterin wie das Bestellen des Mittagessens, die Überprüfung und eventuelle Reklamation von Bestellungen und Lieferungen oder die Information der Eltern durch Aushänge und **Informationsschreiben** (→ Frage 42).

Die Einrichtungsleitung übernimmt zu einem gewissen Anteil auch Controlling-Aufgaben. Es gibt Träger, die in regelmäßigen Abständen bestimmte Datenerhebungen und -auswertungen, etwa über die jährliche Platzbelegung und -auslastung (Buchungszeiten, Alter der Kinder usw.) verlangen.

Sollte sich die Einrichtung aufgrund einer veränderten pädagogischen Sichtweise oder in Anpassung an Elternwünsche grundlegend strukturell verändern, obliegt es der Leiterin, dem Träger die Informationsgrundlage zu liefern (Vormerklisten, Familienstrukturen, Quadratmeterzahlen bei geplanten Raumnutzungsänderungen o. Ä.), damit dieser die nötigen Veränderungen einleiten kann.

Gerade wenn es darum geht, den Träger von den Vorteilen oder sogar der Notwendigkeit von Veränderungen zu überzeugen, sollte die Leiterin über ein hohes Maß an Verhandlungsgeschick verfügen. Zu einer gelingenden **Kommunikation** (→ Frage 13) gehört es, gut vorbereitet dem zuständigen Trägervertreter, am besten in schriftlicher Form, seine Wünsche vorzutragen und die Erfordernis der Maßnahme durch Daten zu belegen.

Immer mehr Einrichtungen verfügen über einen eigenen **Internetauftritt** (→ Fragen 45, 50). Die Aufgabe der Einrichtungsleiterin ist es, diesen zu gestalten bzw. mitzugestalten, regelmäßig auf seine Aktualität zu prüfen und ggf. zu pflegen. Dies gilt in ähnlicher Weise auch für Profile in sozialen Netzwerken. Besonders wichtig ist dabei, dass die Leiterin auf die unbedingte Einhaltung des **Datenschutzes** (→ Frage 16) achtet. Sollten Fotos, z. B. von einem Fest, für Eltern im Internet hochgeladen werden, müssen diese ausreichend gesichert sein, um den Zugriff für Dritte zu verhindern.

Fotos von Kindern ebenso wie die Nennung vollständiger Kindernamen in sozialen Netzwerken sollte die Einrichtungsleiterin generell vermeiden, da hier eine nötige Sicherung so gut wie unmöglich ist.

## 21 Welche Aufgaben fallen unter die Arbeitssicherheit und den Gesundheitsschutz?

Die Kita-Leitung erhält die Verantwortung für Arbeitssicherheit und Gesundheitsschutz in ihrer Einrichtung. Dies geschieht meist mit der schriftlichen Übertragung von Unternehmerpflichten des Trägers auf die Leiterin. Mit diesen Pflichten übernimmt sie die Überwachung und Einhaltung aller die Arbeitssicherheit und den Gesundheitsschutz betreffenden Regeln und

Maßnahmen vor Ort. Da die hierzu gehörenden Aufgaben sehr umfangreich sind, empfiehlt es sich, eine Kollegin in alle relevanten Vorgänge zu unterweisen und sie zur weiteren Sicherheitsbeauftragten (→ Frage 18) der Einrichtung zu ernennen.

Die wichtigsten Aufgaben der Sicherheitsbeauftragten der Einrichtung sind im Folgenden zusammengefasst.

**Jährliche schriftliche Gefährdungsbeurteilung:** In dieser werden mögliche Gefährdungen am Arbeitsplatz der Mitarbeiterinnen aufgeführt. Zur Gefährdungsbeurteilung steht der Leiterin ein Gefährdungskatalog zur Verfügung, in dem alle zu prüfenden Dinge systematisch aufgeführt sind und zur Kontrolle abgestrichen bzw. als zu erledigen vermerkt werden können. Auf Grundlage dieser Beurteilung veranlasst die Sicherheitsbeauftragte nötigenfalls Maßnahmen, um festgestellte Mängel und damit drohende Gefährdungen zu beseitigen.

**Brandschutz:** Die Sicherheitsbeauftragte sollte jede neue Kollegin sowie mindestens einmal im Jahr das gesamte Team auf die Einhaltung der Brandschutzmaßnahmen hinweisen:

- Die Räume müssen regelmäßig auf die Einhaltung von Brandschutz kontrolliert werden, es dürfen also beispielsweise keine brennbaren Materialien in die Nähe von Wärmequellen gebracht werden (Tücher über Lampen o. Ä.), Brandschutztüren dürfen nicht festgestellt werden (z. B. durch einen Keil).
- Fluchttüren dürfen während des laufenden Betriebs nicht zugestellt oder abgeschlossen bzw. verriegelt sein.
- Im Gruppenraum dürfen keine elektrischen Geräte aufgestellt werden, die nicht zuvor der jährlichen Prüfung unterzogen wurden (z. B. mitgebrachte private CD-Player).

Zwar legt in der Regel die zuständige Brandschutzdirektion fest, wie viele und was für Feuerlöscher in der Einrichtung vorhanden sein müssen, und hängt Fluchtwegschilder sowie die Flucht- und Rettungspläne aus. Dennoch liegt es in der Verantwortung der Sicherheitsbeauftragten der Einrichtung, diese immer wieder zu kontrollieren und eventuellen Ersatz oder, im Falle der Feuerlöscher, eine fachgerechte Prüfung durch die Feuerwehr zu veranlassen.

**Kontrolle elektrischer Geräte:** Im Sinne des Brand- und des Unfallschutzes müssen alle elektrischen Geräte mindestens einmal jährlich von einer externen Fachperson auf ihre Sicherheit geprüft und gekennzeichnet werden. Private oder nicht geprüfte Geräte sollten in der Einrichtung keinerlei Verwendung finden. Treten Defekte an technischen Geräten auf, dürfen diese niemals vom Kita-Personal oder von Eltern repariert werden. Hierzu ist vielmehr durch den Träger oder die Einrichtungsleitung ein entsprechender Fachmann schriftlich zu beauftragen. Außerdem sollte jede Kollegin vor dem Verlassen der Einrichtung am Abend darauf achten, dass alle elektrischen Geräte ausgeschaltet sind und auch nicht mehr auf Standby stehen.

**Erste Hilfe:** Zur Gewährleistung von Erster Hilfe fordern Unfallkassen in Kindertageseinrichtungen mindestens eine Ersthelferin pro Gruppe. Da sich ein Team im Laufe der Zeit personell verändern kann, ist es jedoch ratsam, möglichst viele oder am besten alle Teammitglieder im Rahmen einer Erste-Hilfe-Schulung zu Ersthelfern ausbilden zu lassen. Solche Schulungen werden unter anderem von örtlichen Wohlfahrtsverbänden angeboten, dauern üblicherweise zwei Tage und können beim Träger beantragt werden.

Tipp: Die Einrichtungsleitung sollte den Schulungsleiter im Vorfeld über Anzahl der Teilnehmer und Einrichtungsart, also das Alter der zu betreuenden Kinder, informieren. So kann dieser noch gezielter auf mögliche Gefahren oder Maßnahmen eingehen. (Bei Säuglingen ist z. B. eine andere Technik der Herz-Druckmassage anzuwenden als bei Grundschulkindern.)

Die Sicherheitsbeauftragte hat dafür zu sorgen, dass die Einrichtung über genügend Verbandskästen verfügt (auf DIN-Maße und Verfallsdatum achten!) und dass diese bei Bedarf zeitnah wieder aufgefüllt werden.

Zusätzlich sollte, am sinnvollsten in der Nähe jedes Verbandkastens und noch besser in jeder Gruppe, eine Anleitung der wichtigsten Erste-Hilfe-Maßnahmen unter Angabe der Rettungs- und Notfallnummern (z. B. Giftnotruf), des nächsten Durchgangsarztes und des nächsten Kinderarztes hängen.

Gemäß BGV A1 Kapitel 4 Abschnitt 3 § 4 Abs. 6 muss jeder Unfall, jede Verletzung bzw. jede Erste-Hilfe-Maßnahme an einer der Mitarbeiterinnen in einem Verbandbuch festgehalten werden. Alle Verletzungen, die während der Arbeitszeit auftreten, werden hier mit Namen der Kollegin, Art der Verletzung, Zeit und Ort, ggf. auch unter Angabe von Zeugen, schriftlich aufgeführt. Das Verbandbuch muss mindestens fünf Jahre in der Einrichtung aufbewahrt werden und für jede Mitarbeiterin zugänglich sein.

**Infektionsschutzgesetz:** In Kindertageseinrichtungen ist die Gefahr der Übertragung von Infektionskrankheiten besonders hoch. Deshalb ist die Leiterin dazu verpflichtet, einmal jährlich bzw. nach Bedarf alle Kolleginnen (auch Kurzzeitpraktikantinnen!) im Sinne des Infektionsschutzgesetzes

(§ 33–36 IFSG) zu belehren und sich dies durch Unterschrift bestätigen zu lassen (vgl. diakonia inhouse 2013). Diese schriftlichen Bestätigungen müssen in einem dafür vorgesehenen Ordner abgeheftet, drei Jahre in der Einrichtung aufbewahrt und im Falle einer Begehung durch Kontrolleure des Gesundheitsamtes unaufgefordert vorgezeigt werden. Um das Risiko von Ansteckungen und einer großflächigen Ausbreitung von Infektionen möglichst gering zu halten, hat die Einrichtungsleitung laut Infektionsschutzgesetz einen Hygieneplan für ihre Einrichtung zu erstellen bzw. vorzuweisen (§ 36 Abs. 1 IFSG). Ein solcher Hygieneplan beinhaltet bereichsspezifische Arbeitsanweisungen und weist auf mögliche Infektionsgefahren hin.

**Personalhygiene:** Die Personalhygiene ist die Basis für alle weiteren Hygienemaßnahmen. Mitarbeiter einer Kindertagesstätte, die mit Lebensmitteln in Berührung kommen, müssen vom örtlichen Gesundheitsamt, meist direkt vor dem ersten Beginn der Beschäftigung, zum Thema Hygiene nach Infektionsschutzgesetz (§ 42 und § 43 IFSG) belehrt werden. Da nicht nur die Köchin, sondern auch Erzieherinnen mit Lebensmitteln umgehen (z. B. beim Kochen mit Kindern, bei Vertretung der Köchin), sind auch sie davon betroffen. Später geschieht die Belehrung im zweijährlichen Turnus in der Einrichtung durch die Einrichtungsleiterin, die selbst regelmäßig vom Träger geschult wird und somit als Multiplikatorin agiert.

Alle Erzieherinnen müssen außerdem einmal jährlich an einer Lebensmittelhygieneschulung teilnehmen. Auch hier agiert die Einrichtungsleiterin als Multiplikatorin und unterweist ihre Mitarbeiterinnen vor Ort. Gesetzlich festgelegt ist dies in der „Verordnung über Anforderungen an die Hygiene beim Herstellen, Behandeln und Inverkehrbringen von Lebensmitteln" (§ 4 LMHV). Das hauswirtschaftliche Personal wird meist direkt mit der Leiterin geschult und kann so ebenfalls als Multiplikator agieren.

**Biostoffverordnung:** „Die Biostoffverordnung (§ 1 Abs. 1 BioStoffV) gilt für alle Tätigkeiten mit biologischen Arbeitsstoffen." Laut § 2 Abs. 7 BioStoffV „sind Tätigkeiten die berufliche Arbeit mit Menschen, Tieren, Pflanzen, Produkten, Gegenständen oder Materialien, wenn aufgrund dieser Arbeiten Biostoffe auftreten oder freigesetzt werden und Beschäftigte damit in Kontakt kommen können."

Unter Biostoffen versteht man Viren, Bakterien, Pilze, Protozonen und Helminthen. Der Umgang mit ihnen kann Allergien auslösen, toxische Wirkungen haben und zu Infektionen führen. Deshalb fällt unter die Biostoffverordnung auch der Umgang mit Menschen, wenn dabei biologische Arbeitsstoffe freigesetzt werden und die Beschäftigten direkt damit in Berührung kommen (vgl. Meinel 2005).

Im Rahmen der Biostoffverordnung hat der Arbeitgeber die Pflicht, den Arbeitnehmer über die Infektionswege und die Gefahren von Mumps, Masern, Röteln, Hepatitis usw. aufzuklären und eine entsprechende Impfung anzubieten.

Eine besondere Berücksichtigung finden schwangere Mitarbeiterinnen. Sobald eine Kollegin eine (mögliche) Schwangerschaft bei der Einrichtungsleiterin angezeigt hat, muss diese sie unverzüglich vom Dienst freistellen und einen Termin für eine Blutuntersuchung bei einem dafür bestellten Arzt bzw. dem Betriebsarzt vereinbaren. Der Arzt stellt daraufhin den aktuellen Impfstatus und die weitere Beschäftigungsmöglichkeit der Mitarbeiterin bis zum Beginn des gesetzlichen Mutterschutzes fest.

**Mutterschutz:** Neben der Einhaltung der Biostoffverordnung hat die Leiterin darauf zu achten, dass von einer schwangeren Mitarbeiterin alle Vorgaben des gesetzlichen Mutterschutzes eingehalten werden. Diese Vorgaben regelt das „Gesetz zum Schutz der erwerbstätigen Mutter" (MuSchuG). Zudem hat sie die Schwangerschaft und den voraussichtlichen Termin der Niederkunft an den Träger weiterzuleiten.

## 22 Wie sieht Gesundheitsförderung für das Team aus?

Viele Einrichtungen haben sich das Thema Gesundheitsförderung als Schwerpunkt ihrer Einrichtung auf die Fahne geschrieben. Die Erhaltung und Förderung der Gesundheit sollte dabei allerdings nicht nur ein Teil der kindlichen Bildung sein, sondern auch in Bezug auf das eigene Personal höchste Priorität besitzen.

Zwar ist der Träger (und in dessen Namen auch die Einrichtungsleiterin) im Rahmen des Arbeitsschutzgesetzes für **Arbeitssicherheit und Gesundheitsschutz** (→ Frage 21 ) seiner Mitarbeiterinnen verantwortlich und somit zur Abwendung von Gefahren sowie zur Unfallverhütung verpflichtet, allerdings umfasst dies nur einen kleinen Teil der Gesundheitsförderung für das Personal. Deshalb ist die Verantwortung der Leiterin, auf sich und ihr Team in Bezug auf die Gesundheit zu achten, besonders groß.

Während die Arbeitsbedingungen sich zunehmend verschlechtern (Personalmangel, Lärm, verlängerte Öffnungszeiten), werden die Arbeitsanforderungen (bedingt durch die Ergebnisse der PISA-Studie, wachsende Konkurrenz durch eine Vielfalt verschiedener Träger, höhere Ansprüche der Eltern usw.) immer größer. Die Leiterin kann an vielen ungünstigen Rahmenbedingungen (z. B. Höhe der Gehälter, Betreuungsschlüssel) nicht unmittelbar etwas ändern. Sie hat jedoch die Möglichkeit, mit und für das Team Maßnahmen zu ergreifen, die dazu beitragen, die Gesundheit zu erhalten und die Arbeitsmotivation zu fördern. Drei Beispiele für solche Maßnahmen sollen im Folgenden vorgestellt werden.

**Genügend trinken:** Häufig vergessen Kolleginnen im hektischen Arbeitsalltag, genug Flüssigkeit zu sich zu nehmen. Die Folge können Kopfschmerzen, Konzentrationsstörungen oder Schwindel sein. Um dem entgegenzuwirken, können z. B. ein Sprudelmacher für das Personalzimmer oder einfach große Gläser und Kannen angeschafft werden.

**Pausen machen:** Wie groß der Personalmangel auch ist, jede Kollegin ist ab einer gewissen abgeleisteten Arbeitszeit verpflichtet, eine Erholungspause einzulegen; die Leiterin muss dies ermöglichen. Kolleginnen, die aufgrund einer Teilzeitbeschäftigung nicht verpflichtet sind, bestimmte Pausenzeiten einzuhalten, sollte die Leiterin auf Wunsch und bei Bedarf ebenfalls die Möglichkeit geben, kurze Pausen zu machen. Zur besseren Koordination ist es sinnvoll, Pausenzeiten in einem Pausenplan schriftlich festzuhalten und für alle Kolleginnen gut sichtbar auszuhängen. Die Leiterin schafft so eine gewisse Verbindlichkeit, sowohl die eigene Pause wirklich einzuhalten als auch die Kollegin in der Zeit, in der diese in der Pause ist, in ihrer Gruppe zu vertreten. Ist es aufgrund von erhöhtem Personalmangel nicht mehr möglich, Pausen zu nehmen, muss dies von der Leiterin unverzüglich und am besten in schriftlicher Form an den Träger gemeldet werden, damit dieser nötige Maßnahmen veranlassen kann (z. B. kurzfristige Zuschaltung von Personal, Verkürzung der Öffnungszeiten).

Für die Pausen sollten die Mitarbeiterinnen am besten die Einrichtung verlassen können. Durch den räumlichen Abstand können sie auch geistig besser abschalten und sind für Kolleginnen nicht greifbar. Ist dies nicht möglich oder möchten Kolleginnen in der Einrichtung bleiben, sollte die Leiterin dafür sorgen, dass der (Pausen-)Raum – dies muss nicht zwangsläufig ein Personalraum, sondern kann ebenso die Kuschelecke in einem leeren Gruppenzimmer oder der freie Entspannungsraum der Kinder sein – stets störungsfrei ist.

**Rücken- und Gelenkbeschwerden vorbeugen:** Viele Erzieherinnen klagen schon nach wenigen Berufsjahren über Rücken- und Gelenkschmerzen. Um langfristig Schädigungen des Bewegungsapparates vorzubeugen, kann die Leiterin den Träger z. B. veranlassen, sogenannte Erzieherstühle sowie Wickeltische mit integrierter Leiter zu bewilligen, aber auch die Teilnahme an Rückenschulungen, Entspannungsfortbildungen usw. unterstützen.

## 23 Wie gestaltet sich die Zusammenarbeit mit dem Träger?

Die Zusammenarbeit mit dem Träger kann sehr unterschiedlich aussehen und ist mitunter abhängig von dessen Größe, Organisation und Struktur. Handelt es sich z. B. um eine kleine private Kita, arbeitet die Leiterin sehr eng und in der Regel ausschließlich mit der Besitzerin bzw. Geschäftsführerin der Einrichtung zusammen, in einer Elterninitiative mit dem Elternvorstand. Handelt es sich um einen großen, z. B. kommunalen oder kirchlichen Träger, hat die Einrichtung meist aufgrund eines weitverzweigten Organigramms verschiedene Ansprechpartner für die einzelnen Bereiche (Finanzen, Pädagogik, Fachaufsicht, Immobilienmanagement usw.). In allen Fällen ist es wichtig, dass die Leiterin sich mit dem Träger bzw. zuständigen Trägervertreter regelmäßig austauscht. Meist wird bereits bei Antritt der Leitungsstelle genau festgelegt, was grundsätzlich beim Träger gemeldet werden muss. Die Leiterin informiert den Träger stets über alle relevanten Vorgänge, die Finanzen, die Belegung sowie über besondere Vorkommnisse. Damit der Träger bei Personalausfall so schnell wie möglich für Ersatz sorgen kann, muss die Leiterin ihn über den aktuellen Personalnotstand in ihrer Einrichtung auf dem Laufenden halten.

Die Leiterin versteht sich als Bindeglied zwischen Team und Träger. So vertritt sie ihre eigenen Interessen, aber auch die der Teammitglieder bzw. des Teams, wenn es z. B. um Veränderungen geht. Ihre Aufgabe ist es, eine gute Beziehung zum Träger aufzubauen und zu pflegen. Petra Stamer-Brandt und Frank Tofern betonen in ihrem Buch „Leitungswissen Kita", dass der Kontakt zum Träger nicht nur schriftlich, sondern auch auf persönlicher Ebene stattfinden sollte: „Laden Sie Ihre Vorgesetzten auch regelmäßig zu wichtigen Veranstaltungen Ihrer Einrichtung ein. Achten Sie bei gemeinsamen Gesprächen darauf, dass es sich um eine dienstliche Kommunikation handelt, bei der es um Sachthemen geht. Auch die Repräsentanten Ihres Trägers sind zugänglicher, wenn Ihnen Offenheit, Verständnis und Wertschätzung entgegengebracht werden." (Stamer-Brandt/Tofern 2013, S. 58)

Der Träger sollte der Einrichtungsleiterin, am besten schon vor der Übernahme der Führungsposition, aber erst recht danach, die Teilnahme an einschlägigen Fort- und Weiterbildungen anbieten. Verfügt er über mehrere Einrichtungen, sollte er zudem Leitungs- und Stellvertreterinnen-Treffen organisieren, um einen Austausch und eine gegenseitige kollegiale Beratung der Leiterinnen und Stellvertreterinnen zu ermöglichen.

## 24 Welche Möglichkeiten von Beratung, Austausch und Interessenvertretung gibt es für Leitung und Team?

Im Kita-Alltag kann es immer wieder nötig sein, dass sich die Einrichtungsleitung, einzelne Teammitglieder oder das gesamte Team Beratung und Hilfe von außen holen. Hierfür gibt es mehrere Möglichkeiten:

Überwiegend der kollegialen Beratung dienen Treffen mit Kolleginnen anderer Einrichtungen, die dieselbe oder eine ähnliche Position in ihren jeweiligen Einrichtungen innehaben; Beispiele wären hier der Leitungs- und/oder Stellvertreterinnen-Kreis, der Arbeitskreis männlicher Kollegen oder das Treffen der hauswirtschaftlichen Mitarbeiterinnen. Der Austausch, der bei diesen Treffen stattfindet, bietet den Beteiligten die Chance, Rat und Unterstützung zu finden oder sich einfach nur andere Meinungen einzuholen und sich so neue Perspektiven zu eröffnen. Solche Beratungskreise sind besonders wichtig und effektiv, wenn es die Stelle, die eine Kollegin in einer Einrichtung innehat (z. B. die Köchin) dort nur einmal gibt und ihr somit Kolleginnen zum fachlichen Austausch vor Ort fehlen. Diese „kleineren" Treffen werden in der Regel von den Kolleginnen lieber besucht als die offiziellen Versammlungen größerer Organisationen bzw. Verbände.

Eine Möglichkeit, seine Interessen vertreten zu lassen, ist der Eintritt in den Berufsverband. Dieser vertritt flächendeckender die Interessen des Personals gegenüber dem Arbeitgeber. Ziele können unter anderem die Weiterentwicklung des Berufsprofils, die Sicherung von Qualifizierungs- und Weiterbildungsmöglichkeiten oder die Initiierung von verschiedenen Arbeitskreisen zur Sicherung und Weiterentwicklung der Qualität sein.

Der Betriebsrat ist ein von den Mitgliedern eines Betriebes demokratisch gewähltes Gremium mit der Aufgabe, die Interessen der Mitglieder gegenüber dem Arbeitgeber zu vertreten. Seine Wahl sowie seine Rechte und Pflichten sind im Betriebsverfassungsgesetz (BetrVG) geregelt. Unter anderem hat der Betriebsrat darüber zu wachen, dass alle zugunsten der Arbeitnehmer geltenden Verordnungen, Gesetze, Unfallverhütungsvorschriften, Tarifverträge und Betriebsvereinbarungen eingehalten werden. Der Arbeitgeber muss den Betriebsrat anhören und mit ihm über geplante Veränderungen diskutieren. Der Betriebsrat wird an betrieblichen Kündigungen beteiligt, kann den Arbeitnehmer in einem Abmahnungsprozess unterstützen, er ist für die Wahl der Jugend- und Ausbildungsvertretung verantwortlich, fördert die Eingliederung von älteren Arbeitnehmern u. v. m.

Der Personalrat ist die gewählte Vertretung der Tarifbeschäftigten oder Beamten einer öffentlichen Verwaltung, also das Gremium für Mitarbeiter kommunaler Träger. Seine Aufgaben sind vergleichbar mit denen des Betriebsrats. Seine Rechte werden in den Personalvertretungsgesetzen des Bundes und der Länder geregelt.

Die Mitarbeitervertretung ist (ähnlich dem Betriebsrat öffentlicher Träger) eine nach kirchlichem Arbeitsrecht bestehende betriebliche Interessenvertretung mit der Aufgabe, zum Wohle der Mitarbeiter eng mit dem Arbeitgeber zusammenzuarbeiten. Hier können sich also Mitarbeiter kirchlicher Träger organisieren.

Eine weitere Möglichkeit, seine Interessen zu vertreten, besteht darin, sich in einer Gewerkschaft zu organisieren. Die Gewerkschaften verhandeln mit dem Arbeitgeber z. B. über bessere Löhne, Arbeitszeiten, Arbeitsbedingungen, den Erhalt von Arbeitsplätzen oder die Verringerung von Arbeitszeiten. Als Maßnahme hierzu können sie ihre Mitglieder zum Arbeitskampf aufrufen. Die Gewerkschaft berät und unterstützt ihre Mitglieder in allen arbeitsrechtlichen Fragen und ist an Tarifabschlüssen beteiligt.

## Fragen und Antworten zu:

# Vom Teammitglied zur Führungskraft – Personalführung und Teamarbeit

## 25 Gibt es den richtigen Führungsstil?

Die Leitung einer Kindertagesstätte trägt die Gesamtverantwortung für die Einrichtung. An oberster Stelle steht ihre Verantwortung für die Bildung, Erziehung und Betreuung der Kinder und damit für die Umsetzung der pädagogischen Konzeption. Allerdings delegiert sie die damit verbundenen Aufgaben zum Großteil an die Kolleginnen, die direkt „am Kind" arbeiten.

Aufgabe der Leiterin ist es, das Team und seine Arbeit zu führen. Dafür muss sie in ihrem Arbeitsalltag viele Rollen übernehmen; so ist sie nicht nur Weisungsbefugte, sondern auch Ansprechpartnerin, Beraterin, Vermittlerin, Konfliktlöserin, Vertrauensperson, Richtungsweiserin, Organisatorin, Antreiberin - und manchmal „Buhmann", wenn sie Anweisungen gibt bzw. geben muss, die einzelnen Kolleginnen oder dem gesamten Team nicht gefallen.

Das Team zu führen ist eine große Herausforderung - gerade für eine Leitung, die neu in dieser Position ist. Jede Leiterin hat ihre eigene Persönlichkeit und bringt ihre individuellen (Vor-)Erfahrungen und Kenntnisse mit; sie trifft auf ein Team, das wiederum aus völlig unterschiedlichen Persönlichkeiten mit ebenso unterschiedlichem Hintergrund und Erfahrungsschatz besteht. Demzufolge lässt sich auch kein allgemeingültiges Rezept formulieren, wie die Führung eines Teams funktioniert. Vielmehr muss jede Leitung ihren Führungsstil finden, mit dem sie und das Team gut zurechtkommen.

Eine Orientierung können die im Folgenden skizzierten Führungsstile (vgl. Weber 1922, Lewin et al. 1939, Lewin 1963) geben.

**Der Laissez-faire-Führungsstil:** (von frz. laisser faire = machen lassen) Laissez faire bedeutet hier, „es einfach laufen zu lassen". Es handelt sich dabei also um einen antiautoritären Führungsstil. Bevorzugt die Leiterin diesen Führungsstil, zeigt sie sich in weiten Teilen der **Teamführung** (→ Frage 28) vorwiegend passiv. Sie gibt den Kolleginnen wenig bis keine Rückmeldung zu deren Tätigkeit oder Verhalten. Sie lobt nicht, äußert keine Kritik, sie lässt es eben „einfach so laufen". Das Team bekommt dadurch keine Richtung, keine Möglichkeiten, aber auch keine Grenzen vorgegeben. In der Konsequenz bedeutet dies, dass es schnell zur Motivations- oder Lustlosigkeit kommen kann. Es fehlt die Struktur und die Kolleginnen sind verunsichert, weil sie nicht wissen, ob die Arbeit, die sie leisten, gut oder schlecht ist. So macht in einem solchen Team - mitunter jahrelang - jede Kollegin

„ihr eigenes Ding", ohne ihr Handeln auf Aktualität, Sinn oder Nutzen zu hinterfragen.

Manchmal übernimmt in einem solchen Team jedoch eine „starke" Kollegin eine sogenannte heimliche Leitung. Sie führt das Team inoffiziell und gibt ihm so die nötige Orientierung.

**Der autoritäre Führungsstil:** (von lat. Auctor = Urheber, Anstifter) Beim autoritären Führungsstil lässt die Leiterin dem Team kaum Entscheidungsfreiräume. Anders als beim patriarchischen Führungsstil (s. u.) erteilt sie Befehle, welche das Team ohne Nachfragen auszuführen hat. Kritik und Rückmeldungen erfolgen nicht sachlich, sondern spielen sich meist auf der Beziehungsebene ab. Die starke Autorität, die starren Regeln und die übermäßige Strenge lösen im Team nicht selten Aggressivität, Wut, Trotz oder Resignation aus.

**Der patriarchische Führungsstil:** (von lat. Pater = Vater) Der patriarchische Führungsstil ist dem autoritären sicher am nächsten. Hier zeigt sich die Leiterin mütterlich wohlwollend, gibt jedoch das meiste vor. Dies kann zur Folge haben, dass das Team resigniert und unselbstständig agiert, aber auch, dass es aufmüpfig wird und gegen die festen Vorgaben rebelliert.

**Der demokratische Führungsstil:** Im Gegensatz zu den beiden zuletzt beschriebenen Führungsstilen lässt die Leiterin, die den demokratischen Führungsstil praktiziert, dem Team viel Raum für selbstbestimmtes Handeln und setzt damit auf die Eigenständigkeit der einzelnen Kolleginnen. **Kritik** (→ Frage 36) wird freundlich und auf der Sachebene angesprochen. In demokratisch geführten Teams herrscht in der Regel Zufriedenheit und damit verbunden eine starke Arbeitsmotivation. Zu partnerschaftliches, „kumpelhaftes" Verhalten allerdings birgt die Gefahr, dass die Leiterin – vor allem, wenn sie unangenehme Entscheidungen treffen muss – nicht ernst genommen oder sogar boykottiert wird.

## 26 Ist die Leitung ein Teil des Teams oder nicht?

Über die Frage, ob die Einrichtungsleiterin Teil des Teams ist oder nicht, wird viel diskutiert. Verwendet man im alltäglichen Sprachgebrauch den Begriff Team, ist die Einrichtungsleiterin meist automatisch miteingeschlossen. Zudem ist die Leiterin, wenn sie nicht gänzlich vom **Gruppendienst** (→ Frage 14) freigestellt ist oder wenn sie Personalmangel mit ausgleicht, tatsächlich und eindeutig ein Teil des Teams. Betrachtet man den Begriff jedoch speziell unter dem Führungsaspekt, wird klar: Man ist als Leiterin nicht (mehr) Teil des Teams!

Meist ist diese Tatsache, gerade für jemanden, der aus dem Team heraus die Leitung übernommen hat, die prägendste, aber auch schmerzhafteste Erkenntnis innerhalb des neuen Aufgabengebiets. Häufig wird sie verdrängt, schöngeredet oder sogar geleugnet. Und dennoch ist es so, die Leiterin nimmt aufgrund der erweiterten Befugnisse eine völlig neue Rolle ein. Allerdings bedeutet dies nicht, dass die Leitung sich von der Gruppe abzusondern hat, sondern lediglich, dass sich durch ihre neue Position die Beziehung zu den Teammitgliedern ändert.

Die Einrichtungsleiterin hat darauf zu achten, niemanden im Team zu über- oder zu unterfordern, vor allem darf sie niemanden bevorzugen oder benachteiligen (vgl. Rahn 2010). Grundsätzlich sollte sie sich ihrer neuen Rolle mit allen Konsequenzen bewusst sein. Es gibt immer Dinge und Entscheidungen, die dem Team oder einzelnen Teammitgliedern nicht gefallen und für die dann die Leiterin verantwortlich gemacht wird. Im schlimmsten Fall trägt das Team die Entscheidungen nicht mit bzw. boykottiert sie sogar. Gerade zu Anfang ist es daher wichtig, sehr sensibel auf Veränderungen innerhalb des Teams zu achten:

- Verstummt das Gespräch, wenn die Leiterin den Raum betritt?
- Ziehen sich Kolleginnen zurück, gibt es plötzlich eine Teamsprecherin?
- Treffen sich die Teammitglieder auch in der Freizeit und die Leiterin wird nicht mehr gefragt, ob sie ebenfalls kommen möchte?
- Wird sich an (neue) Anordnungen der Leiterin gehalten?

Nimmt die Leiterin Veränderungen oder negative Stimmungen innerhalb des Teams wahr, sollte sie diese zeitnah und direkt bei den betroffenen Personen ansprechen. So können zum einen Unsicherheiten und Ängste von Anfang an abgebaut, zum anderen Missverständnisse und Meinungsverschiedenheiten geklärt werden.

Sollten die Ansichten von Team und Leitung so unterschiedlich sein, dass eine (weitere) Zusammenarbeit nicht mehr möglich ist, kann nach entsprechender Klärung, meist ohne die Entstehung eines größeren Konfliktes, auch eine einvernehmliche Trennung stattfinden.

## 27 Welche Herausforderungen bringt die Führung eines Teams mit sich?

Das gute, konstruktive Führen eines Teams ist mitunter die größte Herausforderung im Arbeitsalltag einer Einrichtungsleiterin.

Dies liegt zum einen daran, dass es an guten und regelmäßigen Schulungen für Leiterinnen fehlt, zum anderen daran, dass Leiterinnen häufig alle Führungsprobleme auf der Beziehungsebene lösen möchten. Wolfgang Klug beschreibt dies treffend, wenn er sagt: „Wie ein Führungsprozess unter diesen Vorzeichen aussehen soll, lässt sich erahnen: Ausdiskutieren von Entscheidungen bis zum Umfallen, um dann wieder von vorne zu beginnen, wenn jemand sich nicht daran halten will? Nicht nur in der Sozialen Arbeit ist das der sicherste Weg, Effizienz und damit Qualität zu verhindern." (Klug 2013, S. 69) Einrichtungsleiterinnen stehen oftmals vor dem Dilemma, dass sie vor Ort das Personal zwar führen sollen, hierfür vom Träger allerdings nicht mit den nötigen Befugnissen ausgestattet werden, z. B. zügig und selbstständig Versetzungen zu veranlassen oder sogar Kündigungen auszusprechen. Dienstrechtlichen Entscheidungen geht, vor allem bei größeren Trägern, meist ein langer Prozess voraus.

Führen bedeutet in einer Kindertageseinrichtung vor allem ein Miteinanderreden sowie das Pflegen und Fördern von zwischenmenschlichen Beziehungen. Um ein Team gut führen zu können, muss die Leiterin sich ein Bild von den verschiedenen Persönlichkeiten und Rollen innerhalb des Teams machen. Eine Orientierung können dabei die von Rahn (2010) unterschiedenen „Typen", die in Teams häufig auszumachen sind, geben: Es gibt die „Gruppenstars", die bei allen anderen (auch als „informelle Führer") sehr beliebt sind, „Leistungsstarke", die sich durch gute Leistungen und eine hohe Leistungsbereitschaft auszeichnen, „Problembeladene", die privat sehr belastet sind, die „Intriganten", die Konflikte im Team eher verdeckt, aber bewusst schüren, „Freche" und „Angeber", die mit nichts zufrieden sind und alles besser wissen, „Drückeberger", die nicht bereit sind, bei der Arbeit ihre bestmögliche Leistung zu erbringen, „Frohnaturen", die meist gute Laune haben und diese im Team verbreiten, „Ehrgeizlinge", die übertrieben ehrgeizig sind, „Schüchterne", die sich lieber im Hintergrund halten, „Gruppenclowns", die alles lustig finden und denen manchmal das Gespür für ernste Situationen fehlt, „Ausgleichende", die bei Konflikten eher vermittelnd auftreten, „Außenseiter", die vom Team z. B. aufgrund ihres Verhaltens abgelehnt werden, oder „Neulinge“, die zuletzt in ein Team gestoßen sind und noch nicht integriert wurden.

Ein Team zu führen heißt für die Leiterin, die Stärken der einzelnen Kolleginnen zu erkennen und zu fördern. Es bedeutet aber auch, den Mitarbeiterinnen oder dem gesamten Team Grenzen zu setzen, auf mögliche Schwächen hinzuweisen und darauf zu achten, dass bestimmte Verhaltensweisen, die für das Team, die Eltern oder die Kinder zum Nachteil führen, geändert werden. Die Leiterin gestaltet und formt ein Team zwar nach ihren eigenen Vorstellungen, sollte ihm aber gleichzeitig genügend Freiraum lassen.

## 28 Welche Rahmenbedingungen sind für eine erfolgreiche Teamführung wichtig?

Wie sich die Führung eines Teams gestaltet, hängt von verschiedenen Faktoren ab und muss somit individuell definiert werden. Eine Rolle spielt dabei z. B., ob die Leitungsstelle neu besetzt oder die Leiterin aus dem Team stammt und somit den Kolleginnen bereits als Erzieherin oder Stellvertreterin bekannt ist, aber auch, wie groß das Team ist und wie lange es in der aktuellen Besetzung bereits zusammenarbeitet. Die Art der Führung wird zudem beeinflusst von den (Vor-)Erfahrungen der Leiterin und davon, wie gut sie die Persönlichkeiten der einzelnen Teammitglieder kennt bzw. deren Verhaltensweisen und Kompetenzen einschätzen kann. Auch die Erfahrungen des Teams bzw. der einzelnen Mitglieder mit vorangegangenen Leiterinnen sind in diesem Zusammenhang von Bedeutung. Ein Team, das schlechte Erfahrungen gemacht hat, benötigt in der Regel besonders viel Transparenz und Einfühlungsvermögen. Nicht zuletzt hängt Führung auch vom Umfang der vom Träger auf die Leiterin übertragenen Befugnisse ab, wie z. B. in Bezug auf die Dienst- und Fachaufsicht (→ Frage 15) oder das Mitspracherecht in der Personalauswahl.

Gerade zu Anfang sollte sich die Einrichtungsleitung folgende Fragen beantworten:

- Wer hat welche Position innerhalb des Teams?
- Wer übernimmt welche Aufgabe im pädagogischen Alltag und innerhalb des Teams?
- Welche Voraussetzungen schulischer und persönlicher Art hat jede Kollegin?

- Welche Erwartungen werden an die Leiterin gestellt?
- Welche Erwartungen stellt diese ihrerseits an das Team?
- Welche Bedürfnisse hat jede Kollegin?

Die Einrichtungsleitung muss ihr Team begleiten und ihm in allen Fragen und Belangen rund um den Arbeitsplatz beratend zur Seite stehen. Sie sollte die Kompetenzen ihrer Teammitglieder erkennen, fördern und sicherstellen, dass diese weiterentwickelt werden können. Zurückhaltende Kolleginnen ermuntert sie, neue Aufgaben und Verantwortungen zu übernehmen, und unterstützt sie dabei. Falls sich die Vorgehensweisen der betreffenden Kolleginnen als ineffektiv erweisen, schaltet die Einrichtungsleiterin sich als Beraterin ein. Sie sollte die Eigeninitiative ihrer Teammitglieder anerkennen, unter Umständen auch Fehler in Kauf nehmen und diese als Chance für eine Weiterentwicklung sehen (vgl. Sauerland/Müller 2012).

Es gibt Entscheidungen, welche die Leiterin treffen muss und die einzelnen Kolleginnen oder sogar dem gesamten Team nicht gefallen, so z. B. kurzfristige Änderungen der Dienstzeiten bei Personalengpässen. Dieser Umstand macht das Führen eines Teams manchmal besonders schwierig. Hilfreich ist es für eine Leiterin dann, wenn sie eine Stellvertreterin hat, die sich ihr gegenüber loyal zeigt, ihr aber auch ehrlich ihre Meinung sagt und ggf. angemessen **Kritik** (→ Frage 36) übt.

Die Einrichtungsleiterin muss sich ihrerseits grundsätzlich ihrem Team gegenüber loyal zeigen. Wenn es etwa um Elternbeschwerden bezüglich des Verhaltens einer oder mehrerer Kolleginnen geht, sollte sie sich zunächst immer vor diese Kollegin(nen) bzw. vor das Team stellen.

Gibt es tatsächlich Anlass zur Kritik, bespricht die Leiterin dies mit der betreffenden Kollegin unter vier Augen bzw., wenn es mehrere Kolleginnen oder das ganze Team betrifft, separat, aber niemals vor Eltern. Nur so kann sie sich das Vertrauen ihres Teams bewahren und läuft nicht Gefahr, Spielball der Eltern zu werden.

Die Leiterin ist auch Stellvertreterin des Teams. So ist es ihre Aufgabe, dessen Arbeitsergebnisse und die erreichten Ziele gegenüber dem Träger, den Eltern und der breiteren (Fach-)**Öffentlichkeit** (→ Frage 50) zu präsentieren, die Interessen der Kolleginnen vor dem Träger zu vertreten und nötigenfalls mit diesem zu verhandeln.

## 29 Was bedeutet das Arbeiten in einem Leitungsteam?

Im besten Fall verstehen sich die Leiterin der Kindertagesstätte und ihre Stellvertreterin als ein Leitungsteam. Mit ihren jeweiligen persönlichen bzw. besonderen Fähigkeiten können sie sich ergänzen. So wird die Arbeitsbelastung aufgeteilt und gleichzeitig die Effektivität erhöht.

Im Leitungsteam tätig zu sein bedeutet, dass die Stellvertreterin in alle Tätigkeitsbereiche der Leiterin eingeführt wird und verschiedene Aufgaben und die damit verbundene Verantwortung eigenständig übernimmt. Eine enge Zusammenarbeit fördert automatisch das Vertrauen zwischen Leiterin und Stellvertreterin. Die Stellvertreterin kann die Leiterin in deren Abwesenheit aufgrund ihres umfangreichen Wissens sicher vertreten. Wenn sie sich später auf eine Leitungsposition bewerben möchte, ist sie zudem bestens vorbereitet.

Auch für die Leiterin bringt die Arbeit im Leitungsteam viele Vorteile. Das gemeinsame Treffen gerade schwieriger Entscheidungen, das Delegieren von Aufgaben sowie die Gewissheit, in Abwesenheit gut vertreten zu sein, bedeuten eine große Entlastung. Ein Urlaub lässt sich so besser genießen und eine Krankheit wirklich auskurieren, weil man weiß, dass „der Laden“ auch so weiterläuft. Das Abgeben von Verantwortung an die Stellvertreterin erfordert von der Leiterin immer ein Loslassen – das fällt nicht allen Menschen gleichermaßen leicht!

## 30 Welche besondere Herausforderung bedeutet es, innerhalb einer Einrichtung in die Leitungsposition zu wechseln?

Nicht selten ist es so, dass man als stellvertretende Leiterin oder Erzieherin in einer Einrichtung eingestellt wird und sich dort im Laufe der Zeit auf die frei werdende Leitungs- bzw. stellvertretende Leitungsposition im selben Haus bewirbt.

Wechselt eine pädagogische Fachkraft innerhalb ihrer Einrichtung in die Leitungsfunktion, ändert sich nicht nur ihr Aufgabenbereich, sondern auch ihre Verantwortung und dadurch zwangsläufig die Beziehung zu den anderen Teammitgliedern, die selbst in ihren Positionen bleiben. Die Situation ist eine ganz andere, als wenn man als Leitung in eine neue Einrichtung kommt und für die Teammitglieder fremd ist.

Übernimmt man im „eigenen Haus" die Leitung, hat das natürlich den Vorteil, dass man die Einrichtung mit ihren Rahmenbedingungen schon kennt. Man ist mit den Kolleginnen vertraut und kann sie gut einschätzen. Wenn man als Stellvertreterin in die Leitungsposition wechselt, kennt man zudem schon den neuen Arbeitsbereich. Im besten Fall hat man bereits innerhalb eines Leitungsteams so viel Erfahrung sammeln können, dass eine lange Einarbeitungszeit entfällt.

Allerdings hat die Übernahme der Leitungsposition aus einem Team heraus nicht nur Vorteile. War man als Erzieherin oder stellvertretende Leitung noch überwiegend im Gruppendienst tätig, fällt es manchmal schwer, sich in seine neue Position einzufinden; man muss sich erst daran gewöhnen, dass die verbliebenen Kolleginnen, evtl. zusammen mit einer Nachfolgerin, ihre Gruppenabläufe nun anders organisieren und man nicht mehr einbezogen wird. Grenzt man sich dann in seiner neuen Leitungsfunktion nicht ausreichend ab, kann dies zu Konflikten führen. Umgekehrt kann es aber auch dem Team schwerfallen, die neue Position der bisherig gleichgestellten Kollegin anzunehmen. Derlei Akzeptanzprobleme haben dann häufig zur Folge, dass die neue Leiterin ihre Führungsrolle übertrieben ausfüllt: entweder, indem sie sich zu kumpelhaft verhält („Macht euch keine Sorgen, es wird sich nichts ändern, ich bin immer noch die Alte"), oder indem sie autoritär agiert („Ich bin jetzt Leiterin und ihr müsst tun, was ich sage!"). In beiden Fällen sind Schwierigkeiten und **Konflikte** (→ Frage 35) vorprogrammiert.

In Bezug auf die Zusammenarbeit mit den Eltern hat die Übernahme der Leitungsposition durch eine bekannte Kollegin ebenfalls Vor- und Nachteile. Zwar sind die Eltern meist froh, wenn eine ihnen bekannte Person für sie zur Hauptansprechpartnerin wird. Schwierig wird es dann, wenn diese in ihrer neuen Position etwas ändert oder anders entscheidet als ihre Vorgängerin, die Eltern sich aber keine Veränderung wünschen. Immer wieder muss sie sich indirekt oder ganz offen mit ihrer Vorgängerin, die sie ja selbst gut kennt, vergleichen lassen: „Bei Frau L. ging das doch auch immer!", „Das hat Ihre Vorgängerin aber besser gemacht!" Die unerfahrene neue Leiterin verfällt dann schnell in eine Rechtfertigungsposition.

Um in Ruhe seine neue Rolle zu finden, den Teammitgliedern den Veränderungsprozess zu vereinfachen und den Eltern sicher und selbstbewusst gegenübertreten zu können, sollte man diesen Positionswechsel professionell, z. B. im Rahmen einer **Supervision** (→ Frage 34), begleiten lassen. In einem geschützten Rahmen ist hier für alle Beteiligten Platz, Erwartungen und Befürchtungen anzusprechen und Schwierigkeiten gemeinsam aus dem Weg zu räumen. Zusätzlich zu einer Supervision mit dem gesamten Team kann die Leiterin auch eine Einzelsupervision beantragen, in der sie ihre individuellen Anliegen intensiver besprechen kann.

## 31 Was ist bei der Übernahme der Leitung eines fremden Teams zu beachten?

Übernimmt eine externe Bewerberin die Leitung einer Kindertagesstätte, ist die Situation eine völlig andere, als wenn sie aus dem Team heraus in diese Position aufgestiegen ist und bereits länger mit den Kollegen zusammengearbeitet hat. Die eigene Führungsrolle zu finden, ist in der Regel einfacher, weil die Teammitglieder die neue Kollegin von Anfang an nur in dieser Rolle kennen.

Die neue Situation bringt jedoch eine gewisse Unsicherheit ins Team. War man mit der Vorgängerin zufrieden, besteht die Sorge, die Situation könne sich zum Negativen hin verändern; war man hingegen vorher unzufrieden, werden möglicherweise große Hoffnungen in „die Neue“ gesetzt. In jedem Fall aber bedeutet der Einstieg für die angehende Leitung eine Herausforderung und verlangt viel Feingefühl.

Wer eine Führungsposition übernimmt, ist meist voller Tatendrang, freut sich über die neue Verantwortung und die damit einhergehenden Möglichkeiten, Dinge nach eigenen Vorstellungen zu verändern. In einer solchen Situation ist es besonders wichtig, angemessene Zurückhaltung zu zeigen – d. h. nicht übermotiviert zu handeln und vorschnell alles umkrempeln zu wollen. Eine neue Leiterin, die von Anfang große Veränderungen vornimmt, ohne das Team einzubeziehen oder, wenn es sich um Anweisungen des Trägers handelt, diese nicht erklärt, schürt Ängste und läuft zudem Gefahr, auf Unverständnis oder sogar auf Verweigerung zu stoßen – selbst dann, wenn die eine oder andere Veränderung für das Team bzw. den Arbeitsablauf durchaus vorteilhaft wäre! Als neue Leitung muss man erst einmal „ankommen“, die neue Einrichtung, die Kolleginnen und ihren Arbeitsalltag kennenlernen. Dabei ist eine offene Grundeinstellung wichtig: In der Einrichtung kann weder alles gut noch alles schlecht sein. Nun gilt es, zu beobachten und Eindrücke zu sammeln – positive wie negative.

Ein Beispiel: Ein Kindergarten ist bisher in drei geschlossenen Gruppen organisiert. In jeder Gruppe arbeiten zwei pädagogische Fachkräfte mehr oder weniger autark und die drei Gruppen treffen sich nur stundenweise im Garten. Nachdem die langjährige Leiterin in Rente gegangen ist, übernimmt eine junge Kollegin aus einer anderen Einrichtung die Führungsstelle. Vor dem Hintergrund ihrer mehrjährigen Erfahrung als Stellvertreterin in einer vollständig offenen Einrichtung findet sie diese geschlossene Organisationsform antiquiert und verkündet dem Team deshalb gleich in der ersten Teamsitzung, dass in der Einrichtung zukünftig nach dem offenen Modell gearbeitet wird. Die Eltern informiert sie am nächsten Tag in einem Elternbrief.

Das Team und auch die Kinder sind mit der neuen Situation überfordert. Im bisher ruhigen, geregelten Tagesablauf sind Anspannung und Hektik spürbar. Zwei Kolleginnen melden sich bereits nach kurzer Zeit krank. Auch vielen Eltern missfällt die neue Situation. Einige beschweren sich beim Träger, es kommt zu Platzkündigungen. Trotz einiger Gespräche und dem Versuch, einen Kompromiss mit einer stundenweisen Teilöffnung herbeizuführen, schaffen es Leiterin, Team und Eltern nicht mehr, eine vertrauensvolle Basis zu finden. Nach einem halben Jahr kündigt die Leiterin.

Wie hätte die Leiterin dieses Desaster vermeiden und trotzdem ihre pädagogische Vorstellung in die neue Einrichtung einbringen können? Sie hätte vorerst die Organisation so lassen sollen, wie sie war. So hätte sie dem Team, den Eltern und auch sich selbst die Zeit und die Möglichkeit gegeben, sich gegenseitig besser kennenzulernen. Später hätte sie, vielleicht im Rahmen eines Teamabends und ggf. mit einer externen Referentin, dem Team und dann den Eltern das offene Modell und seine Vorteile vorstellen können. Anschließend hätten Leiterin und Team gemeinsam überlegt, ob und wie eine Öffnung in der betreffenden Einrichtung und unter den gegebenen Rahmenbedingungen möglich wäre. Die Kolleginnen wären dadurch nicht nur besser vorbereitet gewesen, sondern hätten zudem sicher nützliche Beiträge bei der Umsetzungsplanung einbringen können. Zweifellos wäre dann ihre Haltung aufgeschlossener und positiver gewesen.

Eine Führungsposition souverän auszufüllen geschieht nicht von heute auf morgen, sondern ist ein lang andauernder Prozess. Darum müssen sich alle Beteiligten Zeit geben, sich an die neue Zusammenarbeit zu gewöhnen. Gerade größere Veränderungen wie in beschriebenem Beispiel brauchen nicht selten Monate oder Jahre. Übergestülpte Anweisungen, hinter denen ein Team nicht steht, können sich auf Dauer nicht bewähren und bilden oft den Anfang großer Schwierigkeiten oder **Konflikte** (→ Frage 25).

So unterschiedlich die Kolleginnen sind, so unterschiedlich sind auch die Teams. Was in einem Team gut funktioniert, kann in einem anderen unmöglich umzusetzen sein. Um möglichst effektiv mit ihrem Team gemeinsam Veränderungen oder Neuerungen zu erarbeiten, ist es umso wichtiger, dass die Leiterin ihr Team gut kennt.

In gewisser Weise gilt dies auch in Bezug auf die Elternschaft der Einrichtung. Bevor die neue Leiterin große Veränderungen anstrebt, sollte sie die Eltern kennengelernt haben. So lässt sich einschätzen, welche Erfahrungen diese mitbringen oder wie sie zur bisherigen Praxis der Einrichtung stehen. Wenn die vorherige Leiterin und ihre Art, eine Einrichtung zu führen, bei den Eltern und/oder dem Team eher unbeliebt waren, ist es wesentlich leichter und vor allem sinnvoller, zeitnah Veränderungen anzustreben. Waren die Leiterin und ihr Vorgehen aber beliebt, kann bei schnellen und gravierenden Veränderungen leicht Unmut entstehen.

## 32 Wie lassen sich unterschiedliche Vorstellungen unter einen Hut bringen?

Kita-Teams bestehen je nach Einrichtungsgröße und Anzahl der Plätze aus einer unterschiedlich großen Zahl von hauswirtschaftlichen Kräften, wie Reinigungskräfte und Küchenvertretungen, Köchinnen, pädagogischen Assistenzkräften, Kinderpflegerinnen, Erzieherinnen, Heilpädagoginnen, Sozialpädagoginnen und jüngst sogar immer öfter Grundschullehrerinnen. All diese Menschen haben neben einer unterschiedlichen schulischen und beruflichen Laufbahn auch verschiedene Persönlichkeiten, (Vor-)Erfahrungen, Wünsche und Bedürfnisse. Zu einem Team werden diese Menschen, indem sie gemeinsame Ziele verfolgen. In der Kindertageseinrichtung sind dies in erster Linie die bestmögliche Bildung, Erziehung und Betreuung der Kinder, die die Einrichtung besuchen.

Um die vielfältigen Vorstellungen aller Personen, die in der Einrichtung arbeiten, „unter einen Hut" zu bringen, ist eine gegenseitige Wertschätzung unabdingbar. Zu dieser Wertschätzung gehört es, andere Ansichten wahrzunehmen, sich Meinungen anzuhören, diese zu verstehen und gelten zu lassen, aber auch die eigenen Vorstellungen klar zu äußern und Kompromissbereitschaft zu zeigen.

Insbesondere wenn es darum geht, dem Team anstehende unangenehme Tatsachen oder Veränderungen mitzuteilen, sollte die Leiterin die entsprechenden Hintergründe frühzeitig erklären, sich den evtl. aufkommenden Unmut anhören und ihn aushalten, anstatt später das Team vor vollendete Tatsachen zu stellen. Änderungen ohne vorherige Absprache einfach zu bestimmen und somit seine Position ohne Rücksicht auf andere durchzusetzen, erzeugt häufig Angst, Wut oder Resignation bei jenen, die nicht hinter den geforderten Änderungen stehen.

Hier ein Beispiel, wie es einer Leiterin gelingen kann, ihrem Team von einer großen Veränderung zu berichten und diese umzusetzen:

Die Eltern der Kita „Sonnenschein" fordern in der jährlichen Zufriedenheitsbefragung sowie in Briefen und Telefonaten den kleinen privaten Träger auf, seine täglichen Öffnungszeiten um eine Stunde zu verlängern. Als dann im näheren Einzugsgebiet eine neue Einrichtung mit längeren Öffnungszeiten in Betrieb geht, beschließt der Träger im Sinne der Eltern, aber auch aus Gründen der eigenen Wirtschaftlichkeit, im neuen Kindergartenjahr bis 18 Uhr und nicht mehr wie bisher bis 17 Uhr zu öffnen. Dazu bittet er die Leiterin der Einrichtung, dies ihrem Team mitzuteilen.

Die Leiterin beruft ihrerseits eine außerordentliche Teambesprechung nach Betriebsschluss ein, um in Ruhe mit ihren Kolleginnen über die veränderte Situation zu sprechen. Sie erklärt dem Team die genauen Gründe, die den Träger zu einer Verlängerung der Öffnungszeiten bewogen haben, und dass dieser versprochen hat, zum Ausgleich eine zusätzliche Teilzeitstelle auszuschreiben. Obwohl die Kolleginnen zunächst verständlicherweise nicht begeistert davon sind, nachmittags länger zu arbeiten, verstehen sie auch den Standpunkt des Trägers. Sie beraten später deshalb gemeinsam, wie der neue Dienstplan sich möglichst gerecht umgestalten lässt, und finden bald eine Lösung, mit der alle Kolleginnen leben können.

Als Leiterin und damit letztendlich ausführendes Organ des Trägers kann man oft an Vorgaben oder Tatsachen (in diesem Beispiel an den längeren Öffnungszeiten) nichts ändern. Es erfordert dann einiges Geschick, gerade unangenehme Gegebenheiten für alle Betroffenen möglichst annehmbar und machbar zu machen.

## 33 Wie gestaltet sich eine Teamsitzung?

Eine wichtige Aufgabe im Rahmen der Kita-Leitungstätigkeit ist die Vorbereitung und Durchführung von Teamsitzungen. Bei der Vorbereitung einer solchen Sitzung legt die Leiterin die Rahmenbedingungen fest.

**Teilnehmer:** Handelt es sich um eine Sitzung für das gesamte Team oder für ein Kleinteam? Davon hängt u. a. ab, wo und wann (z. B. während der Kita-Öffnungszeiten oder danach) sie stattfinden kann.

**Ort und Zeit:** Je nachdem, ob es sich um eine regelmäßige oder außerordentliche Sitzung handelt, stehen Ort und Termin entweder schon fest oder müssen passend für die entsprechende Teilnehmergruppe ausgewählt werden. Gerade in großen Teams besteht die Gefahr, dass Diskussionen in der Teamsitzung zeitlich ausufern. Um dies zu vermeiden, sollte die Leiterin vorab nicht nur den Anfang, sondern auch das Ende der Sitzung festlegen.

**Themen:** Damit alle Kolleginnen sich auf die Teamsitzung vorbereiten können, bietet es sich gerade in großen Teams an, bereits einige Tage vorher bei allen Kolleginnen mögliche Themen abzufragen. Im Zuge dessen kann die Leitung zudem klären, welche Kollegin welches Thema in die Besprechung einbringt bzw. wozu sie referiert. Die Leitung stellt anschließend einen schriftlichen Ablaufplan zusammen, den sie im Team austeilt. Ein solcher Ablaufplan hilft allen Beteiligten, sich an die vorgesehene zeitliche und inhaltliche Struktur zu halten. Er könnte beispielsweise so aussehen:

- Begrüßung durch die Moderatorin
- Fragen zum Protokoll der letzten Sitzung
- Informationen aus dem Büro der Leiterin (vom Träger, den Eltern usw.).
- aktuelle Runde - Aktuelles aus den Gruppen (kollegiale Beratung durch alle Teammitglieder)
- pädagogische Fachthemen (kollegiale Beratung, Berichte von Fortbildungen usw.)
- Planung von Festen, Projekten, Veranstaltungen
- Sonstiges (unter diesem Punkt sollte Platz für alles andere und sich spontan ergebende Punkte sein)

**Moderation:** Die Moderation einer Teamsitzung kann von der Einrichtungsleiterin übernommen werden, lässt sich aber auch **delegieren** (→ Frage 10). Die Übernahme der Moderation fördert das Selbstvertrauen der betreffenden Kollegin und gibt ihr die Möglichkeit, das freie Sprechen vor der Gruppe zu üben. Übernimmt ein Teammitglied die Moderation, ist darauf zu achten, dass in den nächsten Sitzungen nacheinander auch alle anderen Kolleginnen diese Aufgabe übertragen bekommen.

**Durchführung der Teamsitzung:** Die Moderatorin sollte dafür sorgen, dass der Ablaufplan so konsequent wie möglich eingehalten wird. Hilfreich ist es, allgemeine Gesprächsregeln aufzustellen. Sind diese bereits vereinbart bzw. bekannt, kann die Moderatorin dennoch vor jeder Sitzung darauf hinweisen.

Gerade wenn die Teamsitzung im Anschluss an die eigentliche Dienstzeit stattfindet, haben die Kolleginnen bereits einen anstrengenden Arbeitstag hinter sich. In jeder Sitzung müssen daher ausreichend lange Pausen eingeplant werden. Damit die Konzentrationsfähigkeit der Kolleginnen bis zum Schluss aufrecht erhalten bleiben kann, darf nicht vergessen werden, den Raum zwischendurch zu lüften und Getränke zur Verfügung zu stellen.

Tipp: Wenn möglich, sollten sich unproblematische und anspruchsvollere Themen in einer Teamsitzung die Waage halten und im zeitlichen Ablauf abwechseln. So wird es für die Beteiligten leichter, sich bei allen Themen zu konzentrieren.

## 34 Wie fördert die Leitung die Kommunikation mit dem und im Team?

Die Leiterin einer Kindertagesstätte trägt die Gesamtverantwortung für die Einrichtung. Sie hat damit die Befugnis, alleine Entscheidungen zu treffen und Veränderungen zu erlauben, aber auch zu verbieten. Je größer die Tragweite einer Entscheidung, umso wichtiger ist es, dem gesamten Team bzw. den betreffenden Kolleginnen das jeweilige Handeln oder eine bestimmte Entscheidung genau zu erklären und sich, wenn möglich, auch Einwände, andere Meinungen und Ideen dazu anzuhören. Je transparenter eine Entscheidung präsentiert wird, umso leichter ist es für das Team, diese nachzuvollziehen und zu akzeptieren.

Transparenz und eine offene Kommunikation zwischen Leitung und Team sowie innerhalb des Teams bilden die Grundlage für eine fruchtbare Zusammenarbeit. Deshalb sind Gespräche mit einzelnen Kolleginnen (Mitarbeiterbesprechungen), aber auch in Gruppen bzw. mit dem gesamten Team (**Teamsitzungen** → Frage 33) von großer Bedeutung. Diese Gespräche können unterschiedlich aussehen: Manchmal sind sie eher spontan und finden „zwischen Tür und Angel“ statt, in anderen Fällen ist es angebracht, sie zu einem vereinbarten Termin oder zu den festgelegten Teamzeiten zu führen. In großen Teams fördern regelmäßige Treffen in sogenannten Kleinteams, an denen nur ein Teil der Kolleginnen teilnimmt, den intensiven und fortdauernden Austausch und eine enge Zusammenarbeit zwischen Leiterin und Kolleginnen. In diesen Besprechungen in Kleinteams werden Themen, die nicht alle Kolleginnen betreffen, zeitnah besprochen und so aus den gemeinsamen Teamsitzungen ausgelagert.

Je mehr sich ein Team abspricht, umso weniger Raum bleibt für Unsicherheit, Unwissenheit und Spekulationen - und damit für Frust und mögliche Konflikte. Es gehört zu den Aufgaben der Leiterin, von Anfang an eine gute, offene Kommunikation innerhalb ihres Teams zu fördern. Ein erster Schritt dazu ist die Einführung von Kommunikationsregeln, die für alle Teammitglieder und die Leitung gleichermaßen gelten. Im besten Fall erarbeiten sich die Einrichtungsleiterin und das Team gemeinsam ihre eigenen Kommunikationsregeln.

Die Begründerin der Themenzentrierten Interaktion Ruth C. Cohn (2009) hat neun Hilfsregeln aufgestellt, die einen „authentischen Umgangsstil“ (Schulz von Thun) und eine reibungslose Kommunikation innerhalb einer Gruppe fördern. Diese können einem Team im gemeinsamen Gespräch Struktur und Orientierung geben.

Zur Begleitung von Teamprozessen, Bewältigung von Konfliktsituationen oder einfach nur als Unterstützung der täglichen Arbeit bieten viele Träger den pädagogischen Teams die Möglichkeit einer **Supervision und/oder Mediation** (→ Frage 35) an. Diese Beratungen können vom gesamten Team oder von einzelnen Personen in Anspruch genommen werden. Ein Supervisor hat die Aufgabe, als neutrale, externe und speziell dazu ausgebildete Person ein Team oder einzelne Teamprozesse zu unterstützen, Lösungswege oder weitere Sichtweisen auf Dinge und Situationen aufzuzeigen. Ein Mediator hingegen wird eingeschaltet, wenn es darum geht, einen bereits vorliegenden, großen Konflikt zu bearbeiten. Er hilft den beteiligten Personen, sich auf einer konstruktiven Ebene zu begegnen und sich so mit dem Konflikt auseinanderzusetzen, dass eine weitere Zusammenarbeit möglich ist.

Obwohl Supervisoren oder Mediatoren in erster Linie unterstützend tätig sein sollen, treffen sie in manchen Teams auf große Vorbehalte. Den Teammitgliedern ist es dann unangenehm, sich zu öffnen oder Konflikte anzusprechen, häufig aus Furcht vor möglichen Konsequenzen. In der Regel stellen sich deshalb mehrere Supervisoren oder Mediatoren im Vorfeld einem Team vor, sodass dieses gemeinsam entscheiden kann, mit wem es zukünftig arbeiten möchte. Damit das gesamte Team sich am Entscheidungsprozess beteiligen kann, ist es wichtig, hierfür einen Termin zu wählen, an dem möglichst alle Kolleginnen Zeit haben. Die Teilnahme an einer Supervision sollte jedoch grundsätzlich freiwillig sein.

## 35 Wie geht man als Leitung mit Konflikten innerhalb des Teams um?

Konflikte innerhalb eines Teams können auf verschiedenen Ebenen stattfinden, so z. B. innerhalb des einzelnen Individuums oder zwischen Personen(gruppen), und dann wiederum in verschiedenen Formen: zwischen zwei Mitgliedern, das gesamte Team betreffend, mit der Leiterin bzw. dem Leitungsteam, der Organisation, dem Träger oder sogar dem organisatorischen Umfeld (z. B. religiöse oder politische Konflikte).

Es gibt sogenannte „heiße Konflikte", bei denen die Konfliktparteien ihre Meinung den anderen aufzwingen wollen, und „kalte Konflikte", bei denen die Beteiligten der offenen Konfrontation aus dem Weg gehen. Sie reden lieber „hinten herum" und schüren dadurch Gerüchte (vgl. Bernitzke 2009).

Übernimmt eine Kollegin mehrere Rollen innerhalb des Teams, können **Rollenkonflikte** (→ Frage 14) entstehen. Dies passiert immer dann, wenn es der Person nicht mehr gelingt, die verschiedenen Anforderungen, die an jede Rolle gebunden sind, zu erfüllen, oder wenn die Rollen nicht miteinander vereinbar sind. Zu einem solchen Rollenkonflikt kann es z. B. kommen, wenn eine Erzieherin gleichzeitig Mutter eines Kindes in der Gruppe ist und es ihr nicht gelingt, die beiden Rollen klar voneinander zu trennen. Das kann sich dadurch bemerkbar machen, dass sie ihr eigenes Kind stark bevorzugt oder aber – umgekehrt – dass sie es aus Angst, genau dies zu tun, sogar stark benachteiligt.

Die Einrichtungsleiterin muss mit jeder Art von Konflikten innerhalb des Teams umgehen können. Dazu gehört, dass sie „schlechte Stimmungen" wahrnimmt, sich anbahnende Konflikte erkennt, direkt anspricht und, wenn nötig, in die richtigen Bahnen lenkt. Besteht bereits ein offener Konflikt zwischen Kolleginnen, sollte die Leiterin, als neutrale Person, beratend eingreifen, bei Bedarf aber auch nicht davor zurückschrecken, sich in Form einer **Supervision oder Mediation** (→ Frage 34) professionelle Hilfe von außen zu holen. Dies gilt besonders für den Fall, dass sie selbst in einen Konflikt involviert ist.

Wird ein Konflikt von den betreffenden Kolleginnen nicht erkannt bzw. bearbeitet, trägt die Leiterin die Verantwortung dafür, diesen festzustellen, offen anzusprechen und zu lösen. Hierfür sollte sie im akuten Fall zunächst alle Beteiligten einzeln darüber informieren, dass sie ein gemeinsames, grundsätzliches Gespräch mit ihnen führen möchte. Der Hinweis auf die Grundsätzlichkeit macht deutlich, dass es hierbei um die Sachlage und nicht um Schuldzuweisungen gehen soll. Die Leiterin hebt den Konflikt damit schon in ihrer Ankündigung von der Beziehungs- auf die Strukturebene. Im Zuge der Ankündigung nennt sie einen verbindlichen Termin und bittet die betroffenen Kolleginnen darum, sich auf das Gespräch vorzubereiten. Die Leiterin selbst sollte sich bis zu diesem Termin ein eigenes Bild von der Situation machen und sich bereits mögliche Lösungswege, Kompromisse oder weitere Vorgehensweisen überlegen.

Prinzipiell sollte nicht erst ein akuter Konflikt, sondern auch schon eine kleinere Unstimmigkeit möglichst umgehend und direkt von den betroffenen Personen angesprochen werden. „Hinter dem Rücken" über Dritte zu reden sollte von der Leiterin, aber auch von allen anderen Teammitgliedern generell abgelehnt werden. Es führt zu Missverständnissen oder verstärkt sie, sodass sich daraus nicht selten Konflikte entwickeln.

Wichtig: Auch als Leiterin macht man Fehler. Deshalb muss eine Leiterin ihrem Team immer die Möglichkeit geben, konstruktive Kritik zu üben, oder sogar selbst aktiv die Rückmeldung der Kolleginnen einfordern. Zum einen ist sie damit Vorbild für ihre Kolleginnen, zum anderen schafft sie so für sich und das Team eine Vertrauensbasis.

## 36 Wie lässt sich Kritik angemessen und konstruktiv gestalten?

So viele Menschen es in einem Team gibt, so viele Meinungen und Ansichten zu einem Thema treffen hier auch aufeinander. Um Konflikte zu vermeiden, ist es für alle Teammitglieder wichtig, ehrlich zu sein und die eigene Einstellung, Einschätzung bzw. den eigenen Standpunkt schlüssig zu erklären.

Kritik wird leider überwiegend nur dann geübt, wenn eine Person oder eine bestimmte Situation anderen negativ auffällt. Natürlich ist Kritik, wenn sie konstruktiv erfolgt, wertvoll, damit die betreffende Person ihr Verhalten hinterfragt und ggf. ändert. Wer nicht weiß, was er falsch macht, kann sein Verhalten auch nicht ändern!

Wichtig ist, dass die Kritik in einem angemessenen Rahmen gegeben und dass dabei der richtige Ton getroffen wird. Konstruktive Kritik der Kita-Leiterin an einer Kollegin beispielsweise findet am besten unter vier Augen statt, nie vor Eltern oder Kindern, sowie stets in respektvoller Sprache und Stimmlage.

Genauso wichtig, wie negative Kritik zu äußern, ist es für eine Leiterin, Positives und auch Lob auszusprechen. Wer stets negativ beurteilt wird, aber nie Lob erhält, wird sich nur schwer motivieren können, an seinen Fehlern zu arbeiten bzw. (weiterhin) gute Arbeit zu leisten. Gelobt werden sollte allerdings nur für etwas, das auch lobenswert ist – eine Leiterin, die ständig und jede Kleinigkeit lobt, ist wenig glaubhaft.

## 37 Wie geht man als Einrichtungsleiterin mit Mobbing innerhalb des Teams um?

Eine der schwerwiegendsten Formen eines **Konflikts** (→ Frage 35) ist das sogenannte Mobbing (von engl. to mob = anpöbeln, belästigen). Mobbing, oder auch Schikane, geht über eine einfache Meinungsverschiedenheit oder einen Konflikt hinaus und findet meist über einen längeren Zeitraum statt. Mobbing entsteht oft aus einem Konflikt heraus, dennoch muss nicht jeder Konflikt automatisch in Mobbing enden. Mobbing ist mitunter nicht leicht als solches zu erkennen, weil es völlig unterschiedlich aussehen kann. Es liegt nicht vor, wenn Meinungsverschiedenheiten und Konflikte auftreten, die einmalig sind, im normalen Arbeitsalltag vorkommen und sich leicht wieder auflösen. Auch wenn es um einen größeren Konflikt geht, der sich durch beide Parteien gleichermaßen „aufschaukelt", spricht man nicht gleich von Mobbing.

Mobbing, vor allem wenn es über einen längeren Zeitraum anhält, hat für die betroffene Kollegin meist nicht nur psychische, sondern auch physische Auswirkungen. Neben Angstzuständen und extremen Schuldgefühlen treten oft auch körperliche Beeinträchtigungen wie z. B. stressbedingter Haarausfall, Bauchschmerzen oder Zittern auf.

Die meisten Betroffenen haben große Angst, Mobbing offen anzusprechen und sich Hilfe zu holen; sie fürchten, dass die Situation für sie dadurch noch schlimmer wird. Aber nur, wer die Schikane anspricht, wird etwas an der Situation, in der sie stattfindet, ändern können. Auch für eine unbeteiligte Person ist es eine große Herausforderung, Mobbing aufzudecken. Durch die meist enge und überwiegend auf der zwischenmenschlichen Ebene stattfindende Zusammenarbeit in der Kita ist die Hemmschwelle, eine Kollegin als „Täterin" zu beschuldigen bzw. zu verraten, nicht selten hoch. Als Leitung ist es besonders wichtig, das Team grundsätzlich für mögliche kritische Situationen zu sensibilisieren und zu ermutigen, beobachtetes oder selbst erlebtes Mobbing anzusprechen. Eine gute Möglichkeit ist es, sich hierfür z. B. eine Referentin zum Thema Mobbing einzuladen und sein Team dementsprechend zu schulen. Dabei können die Kolleginnen auch über mögliche Anlaufstellen informiert werden, die sie bei Bedarf kontaktieren können.

Ein schwerer Fall von Mobbing löst sich in der Regel nicht von selbst, im Gegenteil verschärft sich die Situation für die betroffene Kollegin meist immer weiter, schlimmstenfalls werden sogar noch weitere Teammitglieder mit hineingezogen. Liegt bereits ein konkreter Mobbingfall vor, sollte sich die Leiterin umgehend professionelle Hilfe von außen holen und sich in allen weiteren dienstlichen und ggf. auch rechtlichen Schritten beraten und unterstützen lassen.

## 38 Wie geht man als Leitung mit Fällen von Leistungsminderung im Team um?

Es kommt immer wieder vor, dass Erzieherinnen aufgrund einer psychischen oder physischen Beeinträchtigung nicht mehr alle an das Berufsbild geknüpften Aufgaben erfüllen können. In diesem Fall spricht man von einer Leistungsminderung.

Bei einer vorübergehenden Leistungsminderung ist es der Kollegin nur eine gewisse Zeitlang nicht möglich, den geforderten Arbeitsumfang zu erbringen. Nach vollständiger Genesung und evtl. einer anschließenden erfolgreichen Wiedereingliederungsmaßnahme sollte sie allerdings wieder ohne Einschränkungen tätig sein können. Dies ist der Fall nach einer schwerwiegenden psychischen Erkrankung (z. B. einem Burn-out-Syndrom) oder einer körperlichen Erkrankung oder Operation (z. B. einem Bandscheibenvorfall, einer Krebserkrankung), aber auch nach einem traumatischen Erlebnis (z. B. dem Tod eines Angehörigen). Um eine dauerhafte Leistungsminderung handelt es sich hingegen, wenn die Betroffene aufgrund einer psychischen oder physischen Erkrankung auf Dauer nicht mehr voll in ihrem Berufsfeld einsetzbar ist. Dies kann z. B. nach einem schweren Unfall, bei einer Suchterkrankung oder langanhaltenden starken Depressionen der Fall sein. Man spricht auch dann von einer dauerhaften Leistungsminderung, wenn eine Kollegin erst nach der Ausbildungszeit feststellt, dass sie mit ihrer Berufswahl unglücklich ist, oder wenn sie für diese Tätigkeit schlichtweg nicht geeignet ist und die anfallenden Aufgaben daher nur schlecht oder widerwillig erledigt.

Gerade eine psychisch bedingte oder noch nicht offiziell medizinisch bestätigte Leistungsminderung bei einer Kollegin objektiv festzustellen ist nicht immer einfach und diese anzusprechen kann unter Umständen heikel sein. Es hängt stark von der Art und dem Umfang der vorliegenden Leistungsminderung ab, wie gut diese zu erkennen ist. Hat die Kollegin ihre Erkrankung selbst erkannt und befindet sich ggf. sogar bereits in Behandlung, ist es für die Leitung einfacher, angemessen zu reagieren.

Wenn die Leiterin bei einer Mitarbeiterin eine Form der Leistungsminderung erkennt, sollte sie

- spürbare Veränderungen zeitnah und klar ansprechen,
- eigene Toleranz-, aber auch Kompetenzgrenzen wahrnehmen und formulieren,
- ggf. der betroffenen Kollegin angemessene, aber deutlich Grenzen setzen und sie nicht in einer möglichen Opferrolle bestärken.

Bei schwerwiegenden psychischen Erkrankungen, Süchten o. Ä. muss die betroffene Kollegin unbedingt an einen Betriebs- und/oder Facharzt weitervermittelt werden. In keinem Fall sollten Kolleginnen, das Team oder die Leiterin selbst zum Kummerkasten werden oder „Therapeut spielen“.

Die Leiterin sollte sich bei der unübersehbaren Leistungsminderung einer Kollegin, aber auch schon bei einem begründeten Verdacht immer an den Träger der Einrichtung wenden. Im besten Fall haben im Vorfeld bereits Gespräche zwischen der Einrichtungsleiterin und der betreffenden Kollegin stattgefunden. In diesem Fall ist es sinnvoll, dass die Kollegin sich gemeinsam mit der Einrichtungsleiterin oder die Leiterin sich zumindest mit deren

Zustimmung an den Träger wendet. Erkennt die Kollegin die eigene Leistungsminderung nicht oder will sie diese nicht wahrhaben (dies ist häufig der Fall, wenn es sich um eine psychische Erkrankung handelt), kann sich die Einrichtungsleiterin auch direkt an den Träger wenden, um ggf. mit ihm gemeinsam das weitere Vorgehen zu besprechen. Je nach Art und Umfang der Leistungsminderung und Möglichkeiten des Trägers kann gerade bei vorübergehenden Leistungsminderungen ggf. durch eine Veränderung der Arbeitsbedingungen/-zeiten, bei dauerhaften Leitungsminderungen auch durch Aufstockung des Personals, Versetzung an eine andere Arbeitsstelle, längere bzw. häufigere Pausen usw. das Problem weitestgehend behoben werden. Für solche Lösungen müssen in der Regel aber entsprechende dienstliche und evtl. auch arbeitsrechtliche Schritte durch den Träger eingeleitet werden. Letztendlich ist jedoch die Leiterin für die Umsetzung der Maßnahme in der Einrichtung verantwortlich und hier umso mehr auf die Unterstützung des Trägers (z.B. durch entsprechende Schulungen für das Team, Bewilligung von weiterem Personal) angewiesen. Die Zusammenarbeit von Einrichtungsleitung und Träger sollte daher eng und transparent sein.

## 39 Wie gestalten sich gute Mitarbeitergespräche?

Mindestens einmal im Jahr sollte die Einrichtungsleitung mit jeder Kollegin ein Mitarbeitergespräch führen. Viele Träger haben diese Aufgabe sogar vertraglich festgelegt.

Das Mitarbeitergespräch darf nicht mit einem Beurteilungs- oder Konfliktgespräch verwechselt werden. Hier geht es vielmehr darum, dass die Kollegin mit der Leitung in einen regelmäßigen und intensiven Dialog tritt.

In einem Mitarbeitergespräch soll die Kollegin die Möglichkeit bekommen, individuelle Ziele zu formulieren, Wünsche zu äußern, Entwicklungspotenzial zu erarbeiten, eine realistische Einschätzung ihrer Arbeit durch die Leiterin zu erhalten, aber auch über Fort- und Weiterbildungsmaßnahmen informiert zu werden. Auch die Leiterin kann aus dem Mitarbeitergespräch großen Nutzen ziehen. Hier hat sie Zeit, sich intensiv mit der Leistungsbereitschaft und dem Verhalten jeder einzelnen Mitarbeiterin auseinanderzusetzen. Sie bekommt ihrerseits Rückmeldung zum eigenen Führungsverhalten und kann diese Informationen nutzen, um das Klima sowie konzeptionelle und strukturelle Aspekte ihrer Arbeit zu hinterfragen und ggf. zu verbessern (vgl. Stamer-Brandt/Tofern 2013).

Die Tatsache, dass es sich beim Mitarbeitergespräch um einen Einzeltermin mit der Vorgesetzten handelt, kann bei vielen Kolleginnen, insbesondere wenn dieser Termin das erste Mal stattfindet, Unbehagen, Unsicherheit oder Angst auslösen. Umso wichtiger ist es, vorab die Rahmenbedingungen und das Ziel eines solchen Mitarbeitergesprächs klarzustellen. Zusätzlich sollte die Kollegin im Vorfeld genügend Zeit bekommen, sich auf das anstehende Gespräch vorzubereiten. Viele Träger bieten hierfür Informationsmaterial, welches die Leiterin an ihre Mitarbeiterinnen austeilen kann.

Die Leiterin sollte für eine angenehme Gesprächsatmosphäre sorgen. Dazu gehört es auch, sich für das Gespräch mit der Kollegin ausreichend Zeit zu nehmen. Es sollte also ein Zeitpunkt gewählt werden, zu dem weder die Leiterin noch die Kollegin unter Druck stehen. In der Regel wird vorab ein gewisser Zeitrahmen, z. B. von einer Stunde, festgelegt.

Die Leiterin ist zudem dafür verantwortlich, dass das Gespräch in einem störungsfreien Raum (→ Frage 11) stattfindet. Hier sollte immer etwas zu trinken bereitstehen. Gerade bei längeren Gesprächen hilft ein Glas Wasser gegen Mundtrockenheit und schafft ganz nebenbei wohltuende kleine Pausen.

Das Mitarbeitergespräch sollte folgendermaßen strukturiert sein:

**Rückblick:** Zunächst geht es darum, dass die Kollegin die Gelegenheit bekommt, auf das vergangene berufliche Jahr zurückzublicken und zu überlegen, was ihrer Meinung nach gut und was weniger gut gelaufen ist. Konnte die Kollegin alle aus dem letzten Jahr gesetzten Ziele erreichen? Und wenn nicht, woran lag es?

**Arbeitsumfeld:** Nun wird das direkte Arbeitsumfeld der Kollegin genauer beleuchtet. Der Ist-Stand (räumliche und personelle Rahmenbedingungen, Zusammenarbeit mit den Eltern usw.) wird festgestellt, um anschließend Anregungen und Wünsche, aber auch angemessene Kritik und Verbesserungsvorschläge zu äußern.

**Zusammenarbeit mit der Leitung:** Die Kollegin hat nun die Möglichkeit zu äußern, wie sie die direkte Zusammenarbeit mit der Leitung einschätzt: Dazu gehören sowohl die als positiv als auch die als negativ empfundenen Aspekte. Eventuell möchte sie an dieser Stelle konkrete Verbesserungsvorschläge einbringen.

**Rückmeldung an die Kollegin durch die Leitung:** Auch wenn zunächst die Mitarbeiterin das Wort hat, sollte dann die Leiterin der Kollegin Rückmeldung über Arbeitsweise, Verhalten und die direkte Zusammenarbeit geben.

**Arbeitsziele:** Anschließend werden gemeinsam aus allen Punkten erreichbare Arbeitsziele der Kollegin formuliert sowie schriftlich und damit verbindlich festgehalten. Dabei wird auch ein bestimmter Zeitraum festgelegt, nach dessen Ablauf die Erreichung dieser Ziele von der Kollegin selbst und von der Einrichtungsleitung überprüft werden soll. Ob bzw. wie die Ziele erreicht wurden, wird zu Beginn des nächsten Mitarbeitergesprächs thematisiert. Die Teilnahme an entsprechenden Fort-, Qualifizierungs- und Weiterbildungsmaßnahmen kann der Kollegin helfen, ihre Ziele zu erreichen. Die Leiterin sollte sie deshalb auf entsprechende Möglichkeiten und Angebote aufmerksam machen. Auch diese sollten in einem Mitarbeitergespräch schriftlich festgehalten werden; dies schafft für beide Seiten eine gewisse Verbindlichkeit.

## 40 Wie gestalten sich gute Vorstellungsgespräche?

Wenn durch den Träger eine neu zu besetzende Stelle ausgeschrieben wird, führt die Einrichtungsleiterin in der Regel mit den Bewerberinnen ein Vorstellungsgespräch vor Ort.

Jedes Vorstellungsgespräch ist anders - nicht nur, weil natürlich jede Bewerberin anders ist, sondern auch, weil jede Stelle andere Anforderungen stellt und somit unterschiedliche Qualifikationen fordert: Dementsprechend stehen bei einem Vorstellungsgespräch für die Besetzung einer Stelle als Köchin andere Fragen im Vordergrund als wenn eine pädagogische Fachkraft gesucht wird, und bei einem Gespräch mit einer Bewerberin um eine gruppenübergreifende Position wieder andere, als wenn es um eine Gruppenleitung geht. Auch bringt eine Stelle, die lange von derselben Kollegin besetzt wurde, andere Umstände mit sich als eine neu geschaffene Stelle. Die Einrichtungsleiterin muss sich darum auf jedes Gespräch individuell vorbereiten und sich die Fragen an die Bewerberin bereits im Vorfeld überlegen. Bei der Formulierung der Fragen kann die entsprechende Arbeitsplatzbeschreibung (→ Frage 12) ihr als Orientierungshilfe dienen.

Das Vorstellungsgespräch dient dazu, die potenzielle neue Mitarbeiterin kennenzulernen sowie ihr die Einrichtung, das Arbeitsumfeld und die Kolleginnen vorzustellen. Es ist daher wichtig, dass die Leiterin als Vertreterin der Einrichtung der Bewerberin zum einen ein umfassendes Bild von der Einrichtung – mit ihren schönen wie mit ihren unschönen Seiten – vermittelt und sie zudem möglichst detailliert über die Aufgaben, die an die zu besetzende Stelle geknüpft sind, informiert. Sie sollte dann auch die Bewerberin dazu animieren, ihre eigenen Wünsche und Erwartungen offen auszusprechen.

Grundsätzlich sollten folgende Punkte im Vorstellungsgespräch angesprochen werden:

**Informationen über die Einrichtung:**

- Rahmenbedingungen wie Organisation, Träger, Öffnungszeiten, strukturelle Besonderheiten, Räumlichkeiten
- personelle Situation, kurze Vorstellung der Teammitglieder
- direktes Einsatzfeld, wie Vorstellung der direkten Kollegin(nen), Arbeitszeiten, Anzahl und Alter der Kinder, Besonderheiten der Kinder und der Elternschaft
- Vorstellung der pädagogischen Hauskonzeption und der pädagogischen oder hauswirtschaftlichen Arbeitsschwerpunkte
- Entwicklungsmöglichkeiten innerhalb des Teams und bei dem Träger

**Informationen über die Bewerberin:**

- Vorstellung der eigenen Person sowie kurze Darstellung der bisherigen beruflichen Tätigkeit
- genaue Beschreibung der eigenen Vorstellungen und des persönlichen Arbeitsschwerpunkts
- eventuelle Zukunftsperspektiven (z. B. Interesse an weiterführenden Qualifikationen)

Entscheidet die Einrichtung sich – aus welchen Gründen auch immer – gegen eine Bewerberin, sollte dieser auf Wunsch eine ehrliche Rückmeldung zum Verlauf des Vorstellungsgesprächs gegeben werden.

Wie das Vorstellungsgespräch abläuft, kommt auf die Situation, die zu besetzende Position und die Bewerberin selbst an. Manche Kolleginnen erzählen gerne erst von sich, anderen ist es lieber, wenn die Einrichtungsleiterin die erste Vorstellung übernimmt.

Es empfiehlt sich, ein Vorstellungsgespräch nicht alleine, sondern mit der Stellvertreterin und/oder der direkten Gruppenkollegin zu führen. Das hat den Vorteil, dass man im Anschluss an das Gespräch noch eine zweite Einschätzung hat und sich austauschen kann. Auch für die Bewerberin ist es günstiger, wenn mehrere Personen sich am Vorstellungsgespräch beteiligen. Sie lernt so nicht nur die Leiterin, sondern noch eine weitere Kollegin kennen und bekommt dadurch ein umfassenderes Bild von der Einrichtung. Um Irritationen oder ein unangenehmes Gefühl aufgrund des damit verbundenen Ungleichgewichts von Personen zu vermeiden, ist es ratsam, der Bewerberin vorab die oben genannten Gründe für die Teilnahme weiterer Kolleginnen an dem Gespräch zu erklären.

Ein Vorstellungsgespräch kann und soll nur ein erstes Kennenlernen sein. Kommt die Bewerberin grundsätzlich infrage und kann diese sich ebenfalls eine Mitarbeit im Team vorstellen, sollte mindestens ein Termin zur Hospitation vereinbart werden. Bei einer solchen Hospitation haben beide Seiten die Möglichkeit, einen ersten Eindruck davon zu gewinnen, wie die Zusammenarbeit tatsächlich aussehen könnte, bevor sie sich endgültig dafür oder dagegen entscheiden.

# Fragen und Antworten zu:

# Die Basis für eine gelungene Pädagogik – Bildungs- und Erziehungspartnerschaft mit Eltern

## 41 Was versteht man unter Bildungs- und Erziehungspartnerschaft mit Eltern?

Während man bis vor ein paar Jahren in Kindertagesstätten noch von der sogenannten Elternarbeit sprach, hat sich mittlerweile die Bezeichnung Bildungs- und Erziehungspartnerschaft mit Eltern durchgesetzt. Der Änderung in der Formulierung liegt eine Veränderung der Einstellung des Erziehungspersonals gegenüber den Eltern zugrunde. Früher wurde die Betreuung und Erziehung der Kinder von Elternhaus und Kindertagesstätte völlig getrennt gesehen. Elternarbeit gestaltete sich in erster Linie so, dass die Erzieherinnen den Eltern eher kurze Informationen über den Tagesablauf gaben (z.B. Termine, Tagesrückblicke, spontane Rückmeldungen über Entwicklungsschritte o.Ä.). Heute hingegen setzt man zunehmend auf den offenen Dialog, den intensiven Austausch und damit auf die enge Zusammenarbeit mit den Eltern. Eine gelungene Bildungs- und Erziehungspartnerschaft mit Eltern ist geprägt von gegenseitiger Unterstützung, Wertschätzung und der Anerkennung verschiedener Sichtweisen. In ihrem Buch „Pädagogische Qualität in Kindertageseinrichtungen für Kinder" erklären die Herausgeber Wolfgang Tietze und Susanne Viernickel: „Familie und Einrichtung sind unterschiedliche Systeme mit eigenen Aufgaben, Regeln und Abläufen. Für das Wohlbefinden eines Kindes ist es wichtig, wie beide ‚Welten' zueinander passen und in Beziehung stehen." (Tietze/Viernickel (Hrsg.) 2007, S.234)

Damit Kinder diese Erfahrung machen können, muss die Zusammenarbeit mit den Eltern offen und transparent sein. Bereits für Kleinkinder werden so die verschiedenen Regeln, Normen und Werte, aber auch Gemeinsamkeiten klar. Die Partnerschaft zwischen Eltern und Einrichtung gibt ihnen ebenso wie den beteiligten Erwachsenen Orientierung und Struktur. Anstatt die Eltern lediglich über die Tagesgeschehnisse, Beobachtungen und Verhaltensweisen ihres Kindes zu unterrichten, bezieht die Erzieherin sie bei ihren pädagogischen Überlegungen und Tätigkeiten ein und entwickelt diese im Austausch mit den Eltern weiter. Gemeinsam werden Erziehungs-, Bildungs- und Entwicklungsziele erarbeitet und über ihre Erreichung wird fortwährend Rücksprache gehalten.

Die Kita versteht sich heute als Ort der Bildung, Erziehung und Betreuung sowie als Begegnungsstätte für Kinder und Eltern. Empfangen werden die Eltern in dieser Begegnungsstätte von professionellen Fachkräften, die ihnen aufgeschlossen gegenübertreten und sich auf Sie einstellen.

Wie die einzelnen Kinder, so sind natürlich auch die Eltern völlig verschieden. Es gibt Eltern, die sich nur wenig am Kita-Alltag beteiligen wollen und/ oder wenige Informationen über ihr Kind benötigen, andere Eltern fordern eine große **Transparenz** (→ Frage 44) und viele Möglichkeiten der Mitgestaltung. Denn auch Eltern sind geprägt, durch ihre eigene Herkunft und Erziehung, durch die damit vermittelten Normen und Werte und durch ihre bisherigen Lebenserfahrungen. Die Aufgabe der pädagogischen Fachkräfte liegt darin, all diese Aspekte wahrzunehmen und bei der Zusammenarbeit mit den Eltern zu berücksichtigen.

Dazu gehört auch, sich ggf. über die jeweilige Kultur mit ihren Sitten und Bräuchen zu informieren, um Elternwünsche und Forderungen zu verstehen – unabhängig davon, ob sie im Kita-Alltag umsetzbar sind oder nicht. Eine Einrichtungsleiterin, die weiß, dass die laute Stimme einer Mutter nicht aggressiv, sondern auf ihren kulturellen Hintergrund zurückzuführen ist, wird leichter damit umgehen können und weniger Gefahr laufen, dieses Verhalten falsch zu deuten.

Die pädagogischen Fachkräfte und allen voran die Einrichtungsleiterin sind Gestalterinnen der Bildungs- und Erziehungspartnerschaft mit Eltern. Sie sind es, die entscheiden, in wieweit sie Eltern einen Einblick in ihren pädagogischen Alltag geben und sie daran teilhaben lassen.

Der Wandel von der Elternarbeit hin zu einer Erziehungs- und Bildungspartnerschaft bedeutet nicht, dass den Eltern die Erziehung und Bildung ihrer Kinder abgenommen werden soll. „Eltern sind in ihrer Elternkompetenz wertzuschätzen, ernst zu nehmen und zu unterstützen“ (Bayerisches Staatsministerium für Arbeit und Sozialordnung, Familie und Frauen, Staatsministerium für Frühpädagogik München 2007, S. 438). Aus diesem Verständnis heraus sieht sich die Einrichtung nicht als familienersetzend, sondern familienergänzend. Die Hauptverantwortung für die Entwicklung und Erziehung der Kinder liegt nach wie vor bei den Eltern. Diese kennen ihr Kind mit seinen individuellen Verhaltensweisen und Bedürfnissen am besten. Die Einrichtung sollte deshalb nie den Anspruch haben, die Eltern ersetzen zu können. Vielmehr sollte sie eine Erziehungspartnerschaft mit den Eltern anstreben mit dem gemeinsamen Ziel einer optimalen Entwicklung und Entfaltung des Kindes.

## 42 Welche Aufgaben übernimmt die Einrichtungsleiterin in der Zusammenarbeit mit Eltern?

Die Einrichtungsleiterin ist dafür verantwortlich, mit ihrem Team die für sie beste Form der Erziehungs- und Bildungspartnerschaft mit Eltern zu finden und immer wieder auf ihre Aktualität zu prüfen. Eine gelungene Bildungs- und Erziehungspartnerschaft mit Eltern setzt eine offene Haltung der pädagogischen Fachkräfte gegenüber den Eltern voraus.

Leider ist diese in der Praxis häufig nicht ausreichend vorhanden: Viele Erzieherinnen haben Bedenken, Eltern verstärkt Einblick zu gewähren und ihnen Mitwirkungsbereiche zu ermöglichen. Meist liegt dies in der Sorge begründet, Eltern könnten die pädagogische Arbeit negativ bewerten, größere oder auch unerfüllbare Ansprüche in Bezug auf die Erziehung und Bildung ihres Kindes stellen oder sich schlichtweg zu stark in pädagogische Arbeitsabläufe einmischen. Es liegt in der Verantwortung der Einrichtungsleiterin, durch eine eigene offene Haltung gegenüber den Eltern, aber auch durch das Angebot von Fortbildungen zum Thema den Teammitgliedern zu helfen, solche Vorurteile abzubauen, sowie ihnen Möglichkeiten aufzuzeigen, wie die Zusammenarbeit mit Eltern gelingen kann und welche Vorteile sie hat.

Tipp: In einer Elterninitiative arbeiten Einrichtungsleiterin und Team schon allein aufgrund ihrer Struktur, ihrer pädagogischen Konzeption und ihrer Satzung eng mit den Eltern der Einrichtung zusammen. Befasst sich ein Team eines anderen Trägers mit dem Thema „Erziehungs- und Bildungspartnerschaft mit Eltern", kann es deshalb (z. B. im Rahmen eines Klausurtages) hilfreich sein, in einer Elterninitiative zu hospitieren. Hierbei können die Teammitglieder die unterschiedlichen Aspekte, Vorteile und Möglichkeiten einer engen Zusammenarbeit mit Eltern in der Praxis kennenlernen. Die Einrichtungsleiterin hat dann die Aufgabe, eine solche Hospitation zu organisieren, Kontakte herzustellen und evtl. Gegenbesuche zu planen. Im Anschluss daran sollte sie die Beobachtungen gemeinsam mit ihrem Team reflektieren und überlegen, welche Methoden und Umsetzungen des Erlebten auf den eigenen pädagogischen Alltag übertragbar sind.

Die Leiterin selbst hat mit den Eltern natürlich immer dann zu tun, wenn es um die Erledigung von **Verwaltungsprozessen** (→ Fragen 15–20) geht, wie z. B. im Rahmen der Aufnahme des Kindes oder bei der Gebührenabrechnung. Aber dies können und dürfen nicht die einzigen Situationen bleiben, in denen die Leiterin direkt mit den Eltern in Verbindung steht.

Meistens hat die Einrichtungsleitung den ersten Kontakt mit den Eltern bei deren Vormerkung für einen Platz für ihr Kind. Diese Begegnung ist von großer Bedeutung, weil hier den interessierten Eltern durch die Leiterin ein erster Eindruck von der Einrichtung vermittelt wird. Aufgabe der Leiterin ist es, den Eltern schon bei ihrem ersten Besuch ein gutes Gefühl zu vermitteln. Nur Eltern, denen es in der Einrichtung gut gefallen hat, werden ihre Kinder später ohne Bedenken in die Obhut der Erzieherinnen geben können. Hierzu kann die Leiterin z. B. die pädagogische Konzeption genauer vorstellen, Fragen beantworten und Hausführungen oder sogar kleinere Hospitationen anbieten. Je transparenter sie die pädagogische Arbeit für die Eltern präsentiert, umso leichter ist es für diese, sich ein Bild zu machen und sich letztlich für die Betreuung ihres Kindes in dieser Kindertageseinrichtung zu entscheiden.

Ein solcher Erstkontakt kann auch am Telefon stattfinden. In diesem Fall werden meist nur kurz Informationen ausgetauscht (Anfrage der Eltern, Vormerkungs- bzw. Anmeldungsformalitäten, Wartelisten, Gebühren usw.). Die Einrichtungsleiterin sollte in der Lage sein, den Eltern bei einem solchen Telefonat eine Zusammenfassung der wichtigsten Auskünfte zu geben und ihnen evtl. Alternativen oder weitere Informationsstellen zu nennen.

Misslingt der erste Eindruck, beispielsweise weil sich die Leiterin keine Zeit für Fragen der Eltern nimmt, bei deren Besuch die Räumlichkeiten nicht zeigt, die Interessenten schon am Telefon ohne Erklärung abweist oder einfach nur unfreundlich ist, kann das weitreichende Konsequenzen nach sich ziehen. Denn die betroffenen Eltern sprechen mit anderen Familien über ihren Eindruck, und schnell macht sich ein schlechter Ruf breit, der sich über Jahre halten kann.

Um **Übergänge** (→ Frage 43) für die Eltern möglichst transparent zu gestalten, sollte vor jeder Aufnahme eines neuen Kindes, am besten im Beisein der ganzen Familie, ein Aufnahmegespräch stattfinden. Hier gibt die Einrichtungsleitung den zukünftigen Eltern genauere Informationen über die Einrichtung, die Rahmenbedingungen, die Gruppe, in die das Kind kommt, die zukünftigen Bezugspersonen des Kindes, die Verpflegung usw. Zudem beantwortet sie die aufkommenden Fragen der Eltern. Danach übergibt sie in der Regel die Verantwortung für die weitere Gestaltung der Eingewöhnung in die Hände der zuständigen Kollegin.

Neben der repräsentativen und informativen Aufgabe übernimmt die Leitung in Bezug auf die Zusammenarbeit mit Eltern eine beratende Funktion. Zwar führen in der täglichen Praxis meist die Gruppenerzieherinnen die anstehenden Elterngespräche. Dennoch sollte auch die Leiterin in regelmäßigem Austausch mit den Eltern stehen. Dies passiert meist in den „Tür-und-Angel-Gesprächen" oder in sogenannten „informellen Gesprächen", die sich etwa vor und nach einem offiziellen Elternabend ergeben. Deshalb sollte die Leiterin immer ein Zeitfenster vor und nach einer solchen Veranstaltung einplanen. So weiß auch sie über die aktuellen Bedürfnisse, Wünsche oder Bedenken der Eltern Bescheid und kann entsprechend reagieren bzw. ihnen beratend zur Seite stehen. Gerade wenn es Konflikte oder Besonderheiten in der Entwicklung des Kindes gibt, die mitunter bestimmte Maßnahmen wie z. B. eine Ergotherapie, Logopädie o. Ä. erforderlich machen, nimmt die Leiterin normalerweise auch an einem Elterngespräch teil. Sie kann dabei als Bindeglied zwischen Gruppenfachkraft und Eltern fungieren, indem sie die konzeptionelle Sicht des Trägers vertritt oder indem sie die nötigen Entscheidungen und Vorgehensweisen im Falle weiterer Maßnahmen organisiert. Die Leiterin sollte hier die Eltern unterstützen, das beste Angebot für ihr Kind zu finden, und kann aufgrund ihrer Erfahrung zwischen den Eltern und den passenden **Fachstellen** (→ Fragen 47, 54) vermitteln.

Die Leiterin ist weiterhin für die Planung und Ausführung von Elternbildungsmaßnahmen innerhalb der Einrichtung verantwortlich. Diese können im Rahmen eines regelmäßig stattfindenden Elternabends oder an gesonderten, einmaligen Themenabenden, z. B. zum Thema Trockenwerden in der Kinderkrippe oder zum Thema Schuleintritt im Kindergarten. Solche Elternbildungsmaßnahmen können – je nach Thema – entweder von der Leiterin und/oder dem Team selbst organisiert und durchgeführt werden oder die Leiterin lädt hierzu externe Referenten ein. Übernimmt sie selbst die Rolle der Referentin, evtl. mit Unterstützung aus ihrem Team, sollte sie sich (und die betreffenden Teamkolleginnen) bestmöglich auf das Thema vorbereiten und hierfür fundierte, für Eltern nachvollziehbare Erkenntnisse, Studien oder Fakten sammeln. Darüber hinaus sollte sie den Eltern weiterführende Informationen und Literatur zur Verfügung stellen.

Tipp: Bei der Planung einer Elternbildungsmaßnahme ist darauf zu achten, dass ein Thema gewählt wird, welches Eltern interessiert bzw. allgemein oder speziell für die Eltern der Einrichtung aktuell ist.

Für Aushänge zu allen übergreifenden und allgemeinen Einrichtungsbelangen (z. B. der Hinweis auf eine kurzfristige bzw. einmalige Veränderung der

Öffnungszeiten, eine Personalveränderung oder Infos zu einem aktuellen Thema) ist in der Regel ebenfalls die Einrichtungsleiterin zuständig. In der Kita sollte für derartige Informationen ein Schwarzes Brett vorgesehen werden (am besten im Eingangsbereich). Eine solche Infotafel darf nicht überladen und sollte immer auf dem aktuellen Stand sein. Hängen zu viele bzw. veraltete Informationen an einer solchen Informationswand, werden unter Umständen wichtige Mitteilungen nicht zur Kenntnis genommen.

Tipp: Ankündigungen oder Mitteilungen, die von Eltern unbedingt gelesen werden müssen, wie z. B. der jährlich festgelegte Schließungsplan der Einrichtung, sollten stets nur gegen Unterschrift ausgegeben werden.

## 43 Welche Maßnahmen müssen zur optimalen Gestaltung der Übergänge ergriffen werden?

Eine wichtige Aufgabe der Kindertageseinrichtung ist die möglichst transparente Gestaltung von Übergängen (Transitionen). Mit Übergängen sind die erste Trennung vom Elternhaus in die Kindertageseinrichtung sowie die Wechsel innerhalb des Bildungssystems, d. h. von einer Tageseinrichtung zur (weiterführenden) Tageseinrichtung bzw. Schule, gemeint.

Die mit Übergängen verbundenen Erfahrungen sind für Kinder, aber auch für ihre Eltern besonders prägend. In der Handreichung zum Bayerischen Bildungs- und Erziehungsplan für Kinder in den ersten drei Lebensjahren steht hierzu: „Je besser der erste Übergang vom Kind bewältigt wird, desto leichter verlaufen auch die folgenden Transitionen – zum Beispiel in den Kindergarten. Deshalb wird dieser Übergang von Wissenschaft und Praxis als wichtige zentrale Schlüsselsituation der frühkindlichen Bildung, Erziehung und Betreuung bezeichnet." (Bayerisches Staatsministerium für Arbeit und Sozialordnung, Familie und Frauen, Staatsinstitut für Frühpädagogik München 2013, S. 117) Gerade für Einrichtungen, die Kinder unter drei Jahren betreuen, ist das Thema „Gestaltung von Übergängen" daher besonders relevant. Der erste Eintritt in eine Einrichtung bedeutet für die Kinder, aber auch für die Eltern meist überhaupt eine erste Trennung voneinander und ist damit für die ganze Familie ein bedeutsamer Moment, der von den Fachkräften sensibel und professionell begleitet werden muss.

Der Leiterin obliegt, in Absprache mit dem Träger, die Befugnis, das für ihr Verständnis zur Einrichtung passende Eingewöhnungsmodell zu wählen und es den pädagogischen Fachkräften so fundiert vorzustellen, dass diese es in die pädagogische Praxis der Einrichtung umsetzen können.

„Die Gestaltung dieser Übergangszeit, die sogenannte Eingewöhnung der Kinder, muss als ein für die Vermeidung von Risiken für die Kinder wichtiges Qualitätsmerkmal einer frühen Tagesbetreuung angesehen werden [...]" (Laewen/Andres/Hédervári-Heller 2012, S. 17–18) Die Einrichtungsleiterin entwickelt hierfür, am besten zusammen mit dem Team, eine umfangreiche Informationsmappe. Darin sind Eingewöhnungszeiten, Ablauf der Eingewöhnung (z. B. Zeitpunkt und Dauer der ersten Trennungszeiten) zusammengestellt, ebenso wie Hinweise an die Eltern, welche Vorlieben und Gewohnheiten ihrer Kinder (z. B. bisherige Schlafzeiten) bei der Eingewöhnung beachtet werden müssen.

Um die Eltern möglichst umfassend zu informieren, bieten sich Veranstaltungen wie ein Tag der offenen Tür oder ein **Elternabend** (→ Frage 51) zum Thema an. Wenn es um den Übergang in eine weiterführende Einrichtung geht, lädt man zu einem solchen Elternabend am besten eine (oder sogar mehrere) Vertreterin(nen) der betreffenden Einrichtungen ein. Das Kennenlernen einer fremden Person in vertrauter Umgebung kann den Eltern helfen, mögliche Schwellenängste abzubauen, und vermittelt zudem ein gutes Bild der Zusammenarbeit beider Einrichtungen.

Um für Kinder den Übergang in die weiterführende Einrichtung zu erleichtern, bieten die meisten Kindertagesstätten und Horte kurz vor dem geplanten Wechsel sogenannte Schnuppertage oder Besuchsstunden an, bei denen die Kinder, häufig noch im Beisein ihrer Eltern, die Räumlichkeiten, die anderen Kinder und das Personal kennenlernen können. Auch im U3-Bereich kann schon der Übergang in die weiterführende Einrichtung aktiv mit den Kindern gestaltet werden, indem die Erzieherinnen den anstehenden Wechsel für und mit den Kindern in ihrem pädagogischen Alltag zum Thema machen. Dies kann von einer Bilderbuchbetrachtung bis hin zu einem Besuch der zukünftigen Einrichtung reichen.

Ist man mit den weiterführenden Einrichtungen gut **vernetzt** (→ Frage 52), bietet es sich an, dass jede Einrichtungsleiterin eine Verantwortliche zum Thema Übergänge benennt und regelmäßige Treffen, z. B. in Form eines Arbeitskreises, organisiert. Hier können sich die Kolleginnen der unterschiedlichen Einrichtungen gegenseitig kennenlernen, mehr über ihre jeweiligen Arbeitsfelder erfahren und so gemeinsam Übergänge für Kinder und Eltern bestmöglich gestalten. Die Leiterin trägt die Verantwortung dafür, Kontakte zu anderen Einrichtungen herzustellen, diese Kontakte zu pflegen oder ihr

Team zu motivieren, sich eigenständig mit Kolleginnen anderer Einrichtungen auszutauschen.

## 44 Wie schafft man als Leiterin Transparenz als Grundlage für eine gelungene Zusammenarbeit mit Eltern?

Wenn Eltern ihr Kind in fremde Hände geben – vor allem, wenn es das erste Mal ist – bedeutet dies, dass sie einer für sie zunächst völlig fremden Person das Wichtigste anvertrauen, das es für sie gibt: ihr Kind. Eltern „fehlen" dann mehrere Stunden am Tag mit ihrem Kind. Gerade wenn ein Kind noch nicht selbst erzählen kann, was es alles während seines Krippentages erlebt hat, kommt den Erzieherinnen umso mehr die Aufgabe zu, diese Lücke zu schließen.

Zusammen mit ihrem Team sollte die Leiterin für die Eltern möglichst viele transparente Situationen schaffen und ihnen von Anfang an das Gefühl geben, zur Kita dazuzugehören sowie als Familie wahrgenommen zu werden. Denn Unwissenheit und daraus entstehende Unsicherheiten, Vorurteile oder Ängste der Eltern sind häufig die Vorstufe späterer Konflikte. Je transparenter die pädagogische Arbeit der Erzieherinnen ist, umso weniger gibt sie Anlass zu Spekulationen. Gerade in der Eingewöhnungszeit bauen die Kinder und deren Eltern ein erstes, grundlegendes Vertrauen zu den Erzieherinnen auf. Deshalb sollten vor allem in dieser Phase – und zwar nicht nur bei der Eingewöhnung in der Kinderkrippe, sondern auch in weiterführenden Einrichtungen – die Eltern besonders viel vom Tagesablauf ihres Kindes mitbekommen, Fragen stellen und Dinge kritisch hinterfragen dürfen. In späteren Phasen sollte den Eltern durch **Gespräche** (→ Frage 47) sowie durch die Teilnahme am Gruppengeschehen (z. B. durch die Mitgestaltung von Festen, die Begleitung bei Ausflügen usw.) die Möglichkeit gegeben werden, am Kita-Leben ihres Kindes beteiligt zu sein und zu wissen, was das Kind in dieser Zeit erlebt und bewegt hat. Einen weiteren wichtigen Beitrag, um den Eltern gegenüber Transparenz zu schaffen, liefern die schriftlichen Dokumentationen der pädagogischen Arbeit.

Gespräche zu führen und schriftliche **Dokumentationen** (→ Frage 45) zu erstellen macht natürlich Arbeit. Der Aufwand, der dadurch entsteht, lässt sich jedoch an anderer Stelle wieder „einsparen": Viele Fragen erübrigen sich von vornherein und Unsicherheiten oder Konflikte werden vermieden. Transparenz kann auch ganz ohne große zusätzliche Arbeit für die Erzieherinnen erzeugt werden: Indem die Kita den Eltern beispielsweise eine Elternecke einrichtet oder einen Eltern-Kind-Treff anbietet, bei dem die Kita lediglich den Raum zur Verfügung stellt, entsteht Transparenz. Ohne dass Eltern direkt in den pädagogischen Alltag involviert sind, werden sie so trotzdem in gewisser Weise am Kita-Alltag beteiligt. Auch ein regelmäßiges Eltern-Kind-Frühstück mit den Erzieherinnen bedeutet meist nicht viel Aufwand, schafft aber Nähe und lässt das gegenseitige Vertrauen wachsen. Da sich dieses auf die Kinder überträgt, profitieren letztlich alle davon.

## 45 Welche Möglichkeiten der Dokumentation gibt es?

Auch wenn sie einen gewissen Aufwand erfordert, so ist eine kontinuierliche Dokumentation der pädagogischen Arbeit doch eines der zentralen Werkzeuge in einer Kita.

Die Aufgabe der Einrichtungsleitung ist es, sich gemeinsam mit dem Team auf eine Form der Dokumentation zu einigen und dann dafür zu sorgen, dass diese regelmäßig vorgenommen wird. Es gibt eine Vielzahl von Möglichkeiten, die pädagogische Arbeit und die individuelle Entwicklung jedes einzelnen Kindes für die Eltern und für die eigene Arbeit zu dokumentieren. Geeignet ist dazu beispielsweise die Gestaltung von Rahmenplänen, Entwicklungstabellen, Beobachtungsprotokollen, Portfolios, Elternzeitungen oder Kindertagebüchern. Viele Einrichtungen arbeiten mit bildreichen Dokumentationen, z. B. an dafür extra eingerichteten Fotowänden. Diese Art der Dokumentation ist bei den Kindern und den Eltern sehr beliebt, da sie die Kinder in verschiedenen Situationen ihres Alltages in der Kita zeigen. Eine umfassende, gut gemachte Dokumentation spiegelt die **Qualität** (→ Fragen 5, 6) der pädagogischen Arbeit in der Einrichtung wider.

Eine der neuesten Formen der Dokumentation der Arbeit in der Kita ist die Erstellung eines eigenen Internetauftritts oder eines Profils in einem sozialen Netzwerk. Aus Gründen des **Datenschutzes** (→ Frage 17) (z. B. hinsichtlich der Weitergabe von Mailadressen oder der Veröffentlichung von Bildern) muss die Leiterin dafür sorgen, dass – nach Genehmigung durch den Träger – eine schriftliche Einverständniserklärung beider Eltern vorliegt, die Seiten gepflegt und Passwörter regelmäßig erneuert werden.

## 46 Wie gelingt der Balanceakt zwischen Elternwünschen und Kita-Möglichkeiten?

Kindertageseinrichtungen werden von der Gesellschaft zunehmend als Orte der frühkindlichen Bildung und Erziehung anstatt als reine Betreuungsstätten für Kinder wahrgenommen. Auch wenn diese Entwicklung wünschenswert ist, so führt sie doch auch dazu, dass Einrichtungen mit immer größeren Erwartungen seitens der Eltern konfrontiert werden.

Eltern und Erzieherinnen haben grundsätzlich dasselbe Ziel: Sie wollen das Beste für das Kind. Allerdings unterscheiden sich in einigen Fällen die Auffassungen darüber, was denn das Beste für das Kind sei. Die Erwartungen, welche die Eltern an die Kindertagesrichtung haben, können völlig unterschiedlich sein. Denn Eltern unterscheiden sich, nicht nur in ihrer Persönlichkeit, sondern auch in anderen Punkten wie z. B. in Bezug auf

- die Lebensform (Ehe, gleichgeschlechtliche Partnerschaft, alleinerziehender Elternteil usw.), die finanziellen Voraussetzungen, die Berufstätigkeit (wovon wiederum die Verweildauer des Kindes in der Einrichtung abhängt);
- den kulturellen Hintergrund, den sie in Form von bestimmten Gewohnheiten und/oder Sprachen in die Kindertageseinrichtung bringen;
- das Bildungsniveau (vgl. Friederich/Kerl-Wienecke 2014).

Von diesen Faktoren hängt mitunter ab, welche Schwerpunkte die Eltern in Bezug auf die Bildung, Erziehung und Betreuung – als die drei zentralen Aufträge der Kindertageseinrichtung – setzen.

In den letzten Jahren haben viele private Träger den Mangel an Betreuungsplätzen erkannt und mit der Eröffnung von Einrichtungen vor allem für Kinder unter drei Jahren und für Kinder von null bis sechs Jahren eine Marktlücke entdeckt. Die privaten Einrichtungen verlangen in der Regel im Vergleich zu solchen kommunaler oder kirchlicher Träger sowie Träger von Wohlfahrtsverbänden höhere Betreuungsgebühren und locken dafür mit einer Vielzahl von besonderen Angeboten für die Kinder: bilinguale Erziehung, Logopädie, Ergotherapie, aber auch Freizeitgestaltungen wie Skifahren, Ballett, Schwimmen oder Reiten.

Viele Einrichtungsleiterinnen fühlen sich durch ihren Träger bzw. direkt durch die steigenden Erwartungen der Eltern einem zunehmenden Druck ausgesetzt. Schlimmstenfalls geben sie diesen Druck direkt an die Kolleginnen weiter und deren Arbeitspensum wird somit immer größer. Die Leiterin missbraucht ganz klar ihre Position, wenn sie beispielsweise von einer Erzieherin verlangt, die Dokumentation einer Beobachtung nach ihrer Dienstzeit zu schreiben oder Elterngespräche bei Zeitmangel im Arbeitsalltag zu Hause vorzubereiten. Die Leiterin sollte vielmehr dafür Sorge tragen, dass ihr Team nicht überlastet wird. Wenn es zeitlich eng wird, sollte sie Erzieherinnen zeitweilig von ihren regulären Aufgaben befreien, damit sie andere dringende Dinge erledigen können, oder die Leiterin sollte sie selbst bzw. durch den Einsatz von Praktikantinnen in ihrer Arbeit unterstützen.

Es gibt Forderungen von Eltern, die für Erzieherinnen nicht erfüllbar und manchmal sogar nicht mal mehr im Sinne des Kindes sind. Hier ist es Aufgabe der Einrichtungsleiterin, die Interessen ihres Teams und die der Kinder konsequent zu vertreten, ggf. auch gegen die Überzeugung oder den Willen der Eltern.

Ein Beispiel: Der vierjährige Paul wird bereits im Elternhaus zweisprachig erzogen und lernt in der bilingualen Kita zudem noch Englisch. Nun fordern Pauls Eltern von der Einrichtungsleiterin, den Träger zu bitten, noch eine Spanischlehrerin einzustellen, damit ihr Sohn die Möglichkeit hat, eine weitere Sprache zu erlernen. In einem Elterngespräch bringt die Einrichtungsleitung den Eltern zwar Verständnis für den Wunsch, ihrem Kind möglichst früh das Erlernen von Sprachen zu ermöglichen, entgegen. Sie äußert aber auch die Befürchtung, Paul könne überfordert werden. Sie lehnt den Wunsch der Eltern freundlich, aber bestimmt ab.

Wichtig: Elternzufriedenheit sollte sich nicht aus der Quantität der pädagogischen Angebote, sondern aus ihrer **Qualität** (→ Fragen 5, 6) ergeben.

In welchem Umfang und in welcher Form die Erzieherinnen den Wünschen und Forderungen der Eltern nachgehen können, hängt weiterhin stark von der pädagogischen Auffassung der Leiterin und des Teams sowie den konzeptionellen und räumlichen Rahmenbedingungen ab. In letzter Konsequenz entscheidet immer die Leiterin darüber, ob bzw. wie sie und ihr Team auf besondere Wünsche der Eltern eingehen.

## 47 Wie gelingen Elterngespräche, in denen es um Schwierigkeiten oder Entwicklungsauffälligkeiten des Kindes geht?

Gespräche zwischen den Eltern und der Einrichtung bieten die Möglichkeit des direkten Austauschs und sorgen für Transparenz.

Abgesehen von den Informations- und **Aufnahmegesprächen** (→ Frage 42), die vor bzw. bei Eintritt eines Kindes in die Kita stattfinden, führen Einrichtungsleitungen die Gespräche, die außer der Reihe stattfinden. Diese werden anberaumt, wenn es beispielsweise zu schwierigen Situationen gekommen ist oder das Kind in seiner Entwicklung Auffälligkeiten zeigt. Gerade solche Gespräche verlangen ein hohes Maß an Konzentration, Empathie und Fingerspitzengefühl und sollten deshalb im Vorfeld gut vorbereitet werden.

In den meisten Fällen finden die Gespräche im Beisein der Erzieherin statt. Die Aufgabe der Einrichtungsleiterin ist es dann, die Gesprächsführung zu übernehmen und der Kollegin mit weiterem Fachwissen oder ihrer persönlichen Einschätzung der Situation zur Seite zu stehen. Wenn die Erzieherin nicht selbst am Gespräch teilnimmt, sollte die Leiterin sie vorab immer um Unterstützung bitten. Sie ist näher am Kind und kann der Leiterin deshalb wichtige Informationen für das anstehende Gespräch liefern.

Die Einrichtungsleiterin sollte sich bewusst machen, dass jedes Gespräch so verschieden ist wie die Eltern und die Kinder, um die es geht. Sich dies immer wieder ins Gedächtnis zu rufen, schützt vor Pauschalisierungen. Übertragungen, wie „das Kind ist wie ..." oder „es erinnert mich an ..." sind grundsätzlich zu vermeiden.

Gerade, wenn es um Entwicklungs- oder Verhaltensauffälligkeiten eines Kindes geht, sollte die Einrichtungsleiterin zunächst mehrfach in der Gruppe hospitieren, das betreffende Kind in verschiedenen Spielsituationen und zu unterschiedlichen Tageszeiten beobachten und sich so selbst ein Bild von ihm machen. Im Anschluss an diese Hospitationen sollte sie sich mit der Gruppenkollegin austauschen und das anstehende Elterngespräch vorbereiten.

Die Leiterin lädt die Eltern am besten persönlich mündlich ein und nennt ihnen dabei kurz den Grund für das Gespräch. Schon in dieser Einladung sollte sie eine positive, aber treffende Formulierung finden, wie z. B. „Liebe Familie XY, Sie hatten ja am (Datum) bereits ein Entwicklungsgespräch mit der Kollegin XY. Ich hatte in der letzten Zeit die Möglichkeit, selbst Ihr Kind etwas häufiger zu beobachten, und würde Ihnen gerne davon berichten!“ Auf keinen Fall darf den Eltern der wahre Anlass für das Gespräch verschwiegen oder ein anderer Grund vorgeschoben werden aus Angst, sie würden sonst nicht zu dem Termin erscheinen. Um mehr Verbindlichkeit zu schaffen, kann die Leiterin die Eltern zusätzlich schriftlich einladen. Das Gespräch sollte terminlich sowohl den Eltern als auch der Einrichtungsleiterin passen und nicht unter Zeitdruck stattfinden.

Für ein angesetztes Gespräch wählt die Leiterin einen ruhigen und **störungsfreien Raum** (→ Frage 11) in der Einrichtung. Die Raumatmosphäre sollte dem Gespräch angemessen sein. Dazu gehört es, den Raum vorher zu lüften, Getränke bereitzustellen und für angenehme Lichtverhältnisse zu sorgen. Ein Gespräch zu einem sensiblen Thema sollte nicht in einer Sofaecke, sondern an einem Tisch stattfinden. Um eine sinnbildliche Barriere zu vermeiden, sitzen Leiterin und Eltern nicht einander gegenüber, sondern über Eck am Tisch. Die Gesprächsteilnehmer sollten dabei keine Tür im Rücken haben, denn dies wird oft als unangenehm empfunden. Um eine ausgewogene Gesprächssituation zu schaffen, ist es wichtig, dass die Zahl der teilnehmenden Kolleginnen wenn möglich der Zahl der Eltern bzw. Erziehungsberechtigten entspricht. Dies gilt allerdings nicht, wenn zu erwarten ist, dass das Gespräch sich zu einem Konfliktgespräch entwickelt, in dem vielleicht sogar schwerwiegende Vorwürfe der Eltern an die Kindertageseinrichtung gerichtet werden. In diesem Fall sollte die Einrichtungsleiterin das Gespräch nicht alleine führen, sondern zu ihrer Unterstützung stets eine Kollegin oder eine zuständige Vertreterin des Trägers dazuholen. Hierüber müssten die Eltern jedoch im Vorfeld informiert werden. Ein solches Gespräch ist zudem immer schriftlich festzuhalten, z. B. in Form eines Protokolls, das allen Beteiligten abschließend vorgelesen und zur Unterschrift vorgelegt wird.

Zur eigenen Strukturierung, Orientierung und besseren Zeiteinteilung eines Elterngesprächs sollte sich die Leiterin vorab einen Gesprächsverlauf überlegen. Dieser beinhaltet im Allgemeinen folgende Punkte:

**Begrüßung:** Die Einrichtungsleiterin begrüßt als Gesprächsleiterin namentlich alle Anwesenden und bedankt sich bei den Eltern für ihr Kommen. Auf diese Weise stellt sie zwischen den Beteiligten automatisch eine Beziehung her.

**Small Talk:** Gerade, wenn die Leiterin bei den Eltern Unsicherheit spürt, können ein paar allgemeine Fragen oder Sätze, wie z. B. zur Anfahrt in die

Einrichtung oder zum Wetter, die Stimmung auflockern und den Einstig in das Thema erleichtern.

**Inhalt des Gesprächs und Klärung der Rahmenbedingungen:** Um welchen Inhalt geht es im folgenden Gespräch? Wie gestalten sich der zeitliche Ablauf und das weitere Vorgehen? Welche Erwartungen haben die Eltern an das Gespräch?

**Inhaltliche Darstellung:** Zunächst sollte die Einrichtungsleiterin den Eltern kurz die Situation bzw. den Ist-Stand aus Sicht der Einrichtung darstellen. Sie berichtet über die positiven Eigenschaften des Kindes und benennt erst dann die Situationen oder Verhaltensweisen, die Anlass des Gesprächs sind und intensiver besprochen werden müssen. Besonders wichtig ist dabei, die Sachebene nicht zu verlassen. Anschließend bekommen auch die Eltern die Gelegenheit, sich zu äußern bzw. von ihren Beobachtungen ihres Kindes im häuslichen Umfeld zu erzählen.

**Analyse:** Hier geht es darum, die vorangegangene Darstellung zu analysieren und im besten Fall gemeinsam einen geeigneten Lösungsweg zu finden.

**Abschluss:** Die Einrichtungsleiterin fasst das Ergebnis des vorangegangenen Gesprächs und die Absprachen in Bezug auf das weitere Vorgehen zusammen. Schließlich bedankt sie sich bei allen Beteiligten für das Gespräch und begleitet die Eltern zur Tür. Sie hält ihnen so sinnbildlich „die Tür offen".

Auch durch ihre Haltung kann die Leiterin den Verlauf des Gesprächs positiv beeinflussen. Sie kann sich dabei an folgenden allgemeinen Gesprächsregeln orientieren:

**Blickkontakt, Gestik und Mimik:** Die Leiterin zeigt den Eltern ihr Interesse an dem, was sie sagen, indem sie Blickkontakt zu ihnen hält und eine aufgeschlossene Körperhaltung einnimmt. So sollte sie den Eltern während des Gesprächs stets gerade und zugewandt gegenübersitzen. Vor der Brust verschränkte Arme signalisieren eine Abwehrhaltung und sind deshalb zu vermeiden.

**Positive Formulierungen:** Die Leiterin sollte sich um Formulierungen bemühen, die Handlungsspielraum lassen. Mit der Frage „Was können wir gemeinsam unternehmen, damit es Ihrem Kind in unserer Einrichtung noch besser geht?" wird es ihr voraussichtlich besser gelingen, in dem Gespräch gemeinsam mit den Eltern Lösungsmöglichkeiten zu erarbeiten, als wenn sie sagt „Ich weiß nicht, was wir mit Ihrem Kind noch machen sollen!".

**Empathie:** Empathisches (einfühlsames) Zuhören, gerade, wenn die Eltern Vorwürfe äußern, weil sie ihre Erziehungsziele zu wenig von der Kita umgesetzt sehen, kann helfen, die Situation ganz von selbst zu entspannen. Hierfür sollte die Leiterin immer in der Ichform sprechen und die Vorwürfe oder Sorgen, die die Eltern äußern, noch einmal in einer anschließenden Bemerkung aufnehmen und wiederholen, wie z. B. „Ich merke, dass es Ihnen Sorgen macht, wenn Ihr Kind alleine in der Turnhalle spielen darf!“ oder „Ich spüre, dass es Ihnen mit der gestrigen Abholsituation nicht gut geht!“ Sie vermittelt so den Eltern das Gefühl, dass sie verstanden hat, worum es ihnen geht, und dass sie ihre Bedenken und Sorgen ernst nimmt.

Im Sinne der **Bildungs- und Erziehungspartnerschaft** (→ Frage 41) ist es die Aufgabe der Einrichtung, die Eltern in ihrer Erziehungskompetenz zu unterstützen. Demnach sollte die Einrichtungsleiterin die Eltern beraten, ihnen – falls nötig – weiterführende Maßnahmen oder Beratungsstellen nennen oder einen entsprechenden Kontakt vermitteln. Diese Hilfen tatsächlich anzunehmen liegt dann aber in der Verantwortung der Eltern. Für diese ist es häufig nicht leicht zu akzeptieren, dass das Verhalten ihres Kindes schwierig ist oder ihr Kind sich nicht wie gewünscht entwickelt. Manchmal brauchen sie Zeit, diesen Umstand anzunehmen und aktiv zu werden. Einrichtungsleiterinnen und Erzieherinnen, die für die Eltern alles regeln oder sogar die gesamte Verantwortung übernehmen wollen, werden schnell als übergriffig empfunden und ihre Hilfe wird eher abgelehnt. Umso wichtiger ist es hier, den Eltern Verständnis entgegenzubringen und ihnen Zeit und Raum zum eigenständigen Handeln zu geben.

## 48 Wie können Konflikte mit Eltern vermieden werden?

Im Rahmen der **Bildungs- und Erziehungspartnerschaft** (→ Frage 41) ist es das gemeinsame Ziel von Kita und Eltern, das Wohlergehen und die gute Entwicklung des Kindes zu sichern. Während die Einrichtung jedoch für eine mehr oder weniger große Anzahl von Kindern Sorge trägt, liegt für die Eltern der Fokus auf ihrem eigenen Kind. Sie sind es auch, die ihr Kind am besten kennen. Wenn es zu Meinungsverschiedenheiten oder unterschiedlichen Auffassungen in Bezug auf die Förderung, Erziehung und Pflege des Kindes in der Kita kommt, sollten die Ansichten der Eltern deshalb sehr ernst genommen und möglichst unmittelbar mit ihnen besprochen werden.

Zu Konflikten mit Eltern kann es beispielsweise kommen,

- weil Eltern sich nicht ausreichend über ihr Kind und dessen Entwicklungsschritte informiert fühlen;
- weil sie generell zu wenige Informationen über einzelne Angebote und Möglichkeiten gezielter Förderung ihres Kindes bekommen;
- weil der Erziehungsstil oder die Erziehungsziele der Eltern und der Kita stark voneinander abweichen;
- weil es den Erzieherinnen nicht immer möglich ist, alle individuellen Wünsche der Eltern zu berücksichtigen;
- weil aufgrund mangelnder Gespräche Unsicherheiten oder sogar Missverständnisse entstehen.

Manchmal haben Eltern Angst, ihre Unzufriedenheit über etwas zu äußern, weil sie befürchten, ihre Kritik könne Auswirkungen auf den Umgang der Erzieherinnen mit ihrem Kind haben. Der Unmut staut sich auf und häufig wird dann lediglich der Austausch mit anderen Eltern gesucht. Dies allerdings birgt die Gefahr, dass (weitere) Missverständnisse - ggf. bei anderen Eltern - entstehen und eine ursprünglich einfach zu klärende Situation zum weitreichenden Konflikt ausartet. Ein solcher Konflikt belastet alle Beteiligten und letztendlich auch die Kinder.

Indem sich Leiterin und Erzieherinnen von Anfang an kritikfähig zeigen und die Eltern sogar ermutigen, Probleme, Unsicherheiten oder Unzufriedenheiten frühzeitig und offen anzusprechen, wirken sie einer solchen Entwicklung aktiv entgegen. Gehen Eltern dennoch nicht den direkten Weg und eine Kollegin bekommt deren Ärger durch Dritte zugetragen, sollte die Leiterin die Eltern möglichst zeitnah um ein Gespräch bitten, in dem sie freundlich, aber deutlich die bestehende Problematik zur Sprache bringt. Selbst wenn das Verhalten der Eltern bei der Leiterin oder Erzieherin vielleicht im ersten Moment Wut oder Enttäuschung ausgelöst hat, müssen diese darauf achten, im anschließenden Elterngespräch sachlich zu bleiben. Das Gespräch sollte die Einrichtungsleiterin mit der betreffenden Erzieherin gemeinsam führen. Durch ein **empathisches Verhalten** (→ Frage 47) und gezieltes Senden von Ich-Botschaften wie „Ich kann Ihren Unmut verstehen" kann einem drohenden Konflikt in einem solchen Gespräch entgegengewirkt werden.

In eher seltenen Fällen kann es passieren, dass die **Forderungen der Eltern** (→ Frage 46) so spezifisch oder ihre Ansichten über die Betreuung und Bildung des Kindes so stark von den in der Kita vertretenen konzeptionellen Vorstellungen abweichen, dass sie sich nicht erfüllen lassen. Auch dies sollte die Einrichtungsleiterin dann in einem **Elterngespräch** klar zum Ausdruck bringen. Gegebenenfalls kann sie den Eltern weitere Möglichkeiten nennen, ihr Kind betreuen zu lassen (z. B. in einer Einrichtung mit anderen pädagogischen Schwerpunkten, kleineren Gruppen, anderer Gruppenstruktur, bei einer Tagesmutter). So lässt sich zwar kein gemeinsamer, aber immerhin ein für alle befriedigender Weg finden.

## 49 Welche Aufgabe hat die Leitung in der Zusammenarbeit mit der Elternvertretung?

Die Elternvertretung, also der Elternbeirat oder der Elternvorstand einer Elterninitiative, ist ein von den Eltern einer Einrichtung jährlich gewähltes Gremium, das ihre Interessen gegenüber der Kindertagesstätte vertritt. In dieser Funktion versteht sie sich als Bindeglied zwischen Kindertagesstätte und Eltern. Auf welche Art die Elternvertretung zustande kommt, kann der Träger der jeweiligen Einrichtung selbst bestimmen (vgl. Roth 2013). Dieser überträgt dann die direkte Zusammenarbeit mit der Elternvertretung an die Einrichtungsleitung.

Die Elternvertretung und die Einrichtungsleiterin (als Vertreterin des Teams) arbeiten partnerschaftlich zusammen. Wie oft die Elternvertretung tagt, ist von Einrichtung zu Einrichtung unterschiedlich und hängt natürlich auch von der Art des Trägers ab. So hat beispielsweise der Elternvorstand einer Elterninitiative andere Aufgaben und Befugnisse als der Elternbeirat einer kleinen privaten Einrichtung. Ersterer wird sich demnach öfter zusammenfinden und weitreichendere Themen besprechen (z. B. Haushalt, größere Umbauten, Personalfragen).

Die Elternvertretung organisiert sich meist selbst. Sie kümmert sich um den Wahlprozess, beruft Sitzungen ein und informiert die Elternschaft anhand von Protokollen oder Aushängen über die Inhalte seiner Tätigkeit. Die Sitzungen sind in der Regel öffentlich. Die Leiterin ist ein geladener Gast und informiert die Elternvertreter im Rahmen der Sitzung über die aktuelle Situation in der Einrichtung, personelle und konzeptionelle Veränderungen, geplante pädagogische Aktionen, Feste und Projekte. Die Elternvertretung beteiligt sich an konzeptionellen Fragen, spricht nötigenfalls Schwierigkeiten an, unterstützt aber auch das Kita-Team bei Festen und Feiern oder in seiner Jahresplanung. Elternvertretungen in Einrichtungen, die Kinder ab

Vollendung des dritten Lebensjahres betreuen, haben zudem die Aufgabe, mit der Grundschule zusammenzuarbeiten.

Die Teilnahme an den Sitzungen der Elternvertretung ist meistens nicht verpflichtend (eine Ausnahme bilden Elterninitiativen, deren Träger in den überwiegenden Fällen die Eltern sind). Da die Zusammenarbeit mit der Elternvertretung einen wichtigen Aspekt einer gelungenen der Bildungs- und Erziehungspartnerschaft mit Eltern darstellt, sollte die Leiterin möglichst viele Eltern motivieren, sich in der Elternvertretung zu engagieren. Diese Form der engen Zusammenarbeit mit Eltern sollte vonseiten der Leitung und des Teams als große Chance auf Unterstützung gesehen werden. Um für die Mitarbeit zu werben, kann die Einrichtungsleitung den Eltern, z. B. an einem Elternabend oder in einem Elternbrief, die Aufgaben der Elternvertretung vorstellen und dabei deren große Bedeutung hervorheben. Sie sollte allerdings auch den voraussichtlichen zeitlichen Aufwand nennen, den die einzelnen Aufgaben mit sich bringen. Besonders transparent ist dies, wenn sie hierbei von den Elternvertretern des Vorjahren unterstützt wird.

Die Leiterin setzt, häufig auch in Absprache mit dem Träger und/oder mit Elternvertretern, die jährlichen Schließungszeiten fest und informiert die gesamte Elternschaft darüber.

Tipp: Um den **Personaleinsatz** (→ Frage 16 ) besser planen zu können, bieten sich sogenannte Bedarfsanalysen zu Ferienzeiten an. Zudem sollte der Schließplan immer gegen Unterschrift an Eltern ausgegeben werden, um zu gewährleisten, dass alle Eltern informiert wurden und früh genug ihren Urlaub planen können. Spätere Missverständnisse können so leicht vermieden werden.

Fragen und Antworten zu:

# Der Kontakt nach außen – Öffnung, Öffentlichkeitsarbeit und Vernetzung

## 50 Welche Möglichkeiten der Öffentlichkeitsarbeit gibt es in der Kita?

Alle Personen, die in irgendeiner Form etwas mit einer Kindertagesstätte zu tun haben, transportieren ein Bild von ihr nach außen. So entwickelt sich im Laufe der Zeit ein guter Ruf oder, im negativen Fall, auch ein schlechter Ruf. Die Öffentlichkeitsarbeit einer Einrichtung kann helfen, den Ruf in die gewünschte Richtung zu lenken bzw. ihn im schlimmsten Fall wiederherzustellen. Von einer gelungenen Öffentlichkeitsarbeit profitieren alle Beteiligten:

- der Träger, der dadurch sein Image pflegt und sich seine Auslastung und Wirtschaftlichkeit sichert;
- das Personal der Kita, das durch die Präsentation der Qualität seiner Einrichtung und somit seiner eigenen Leistung an Ansehen gewinnt;
- die Eltern von Kindern, die für ihr Kind eine Einrichtung suchen, weil sie über die Abläufe, die pädagogische Konzeption, die Schwerpunkte und ihre Beteiligungsmöglichkeiten an der Kita informiert werden;
- und letztendlich die Kinder selbst, auf die sich die Sicherheit und Zufriedenheit der Eltern unmittelbar überträgt.

Der Kita-Leiterin stehen unterschiedliche Methoden zur Verfügung, um ihre Einrichtung optimal in der Öffentlichkeit darzustellen:

**Informationsflyer:** Mit einem ansprechenden Flyer, auf dem die wichtigsten Informationen zur Einrichtung zu finden sind, lässt sich leicht eine relativ breite Öffentlichkeit erreichen. Die Kita-Leiterin bestimmt die genauen Inhalte des Flyers, macht sich evtl. auch Gedanken über eine ansprechende Gestaltung und prüft später den bestehenden Flyer immer wieder auf seine Aktualität.

Dies gilt in gleicher Weise für eine Homepage. Damit sich potenzielle Kita-Eltern möglichst gut informieren können, muss ein eigener Internetauftritt (→ Fragen 20, 45) regelmäßig aktualisiert werden.

**Bazare und Wohltätigkeitsveranstaltungen:** Die Organisation von Bazaren und Wohltätigkeitsveranstaltungen durch die Kita dient in erster Linie einem guten Zweck und vermittelt der Öffentlichkeit gleichzeitig soziales Engagement. Je nach Veranstaltung lassen sich hier Pädagogik, Hilfe und Zusammenarbeit mit den Eltern wunderbar vereinen. Beispiele wären der Verkauf von Kinderbildern, ein Weihnachtsbazar oder eine Kita-Tombola.

Die Einrichtungsleiterin wählt, meist zusammen mit der Elternvertretung und/oder dem Träger, die Projekte aus, die mit den Spendengeldern unterstützt werden sollen, stellt entsprechende Kontakte her und organisiert weitere Aktionen.

**Tag der offenen Tür:** Am Tag der offenen Tür öffnet, wie der Name schon sagt, die Einrichtung ihre Türen für Besucher. Die Leiterin der Einrichtung gibt, mit Unterstützung ihres Teams, interessierten Eltern einen ersten Einblick in die Räumlichkeiten sowie die pädagogische Arbeit und beantwortet Fragen.

**Feste und Jubiläen:** Feste und Jubiläen sind eine schöne und zudem sehr niederschwellige Methode der Öffentlichkeitsarbeit. Die Einrichtung zeigt sich hier in einer besonderen Situation. Zudem bringt die ungezwungene und überwiegend informelle Atmosphäre Menschen leicht miteinander in Kontakt; so können sich Eltern der derzeitigen Elternschaft untereinander sowie mit (potenziell) zukünftigen Eltern bekannt machen.

**Presse:** Bei manchen Gelegenheiten bietet es sich für eine Kindertagesstätte auch an, sich über die lokale Presse einer größeren Öffentlichkeit zu präsentieren. Dabei ist zu beachten, dass vorab Interview-, Fotografier-, Tonaufnahme- und Drehgenehmigungen über den Träger der Einrichtung eingeholt werden müssen. Werden Kinder fotografiert, gefilmt oder aufgenommen, muss die Einrichtungsleiterin vorher in umfangreichem Maße die Eltern informieren und die schriftliche Einverständniserklärung beider Personensorgeberechtigter einholen.

## 51 Wie gelingt der Wandel von der herkömmlichen Kita hin zu einer Einrichtung für die ganze Familie?

Seit mehreren Jahren stellt eine wachsende Zahl von Kindertagesstätten ihre Arbeit um und orientiert sich dabei an unterschiedlichen offenen Ansätzen. Offenes Arbeiten meint hier meist die Auflösung herkömmlicher Gruppenstrukturen und die Öffnung der Einrichtung im Inneren. Zunehmend verstehen Kindertageseinrichtungen offenes Arbeiten auch weitreichender und wandeln sich durch die Öffnung der Einrichtung für die ganze Familie zu einer Art Kinder- und Familienzentrum.

Durch das Angebot von elternbildenden Elternabenden, Elternecken, Eltern-Kind-Aktivitäten wie Väterfrühstück, Geschwistertage und Familienkursen (auch durch externe Anbieter) wird mehr und mehr die ganze Familie in die Einrichtung geholt. Die Einrichtung wird auf diese Weise ihrer Aufgabe, das Kind in seiner gesamten Lebenssituation wahrzunehmen, gerecht. Gemeinsame Aktionen fördern zudem den Kontakt und Austausch der Eltern untereinander. Die oben erwähnten Elternangebote sind besonders niederschwellig und werden deshalb gerne angenommen. Die Beteiligung der Eltern an der Gestaltung von Projekten oder Festen unterstützt sie zusätzlich in ihrem Gefühl, willkommen und ein Teil der Kita zu sein. Eine Öffnung der Einrichtung schafft beidseitiges Vertrauen und Zufriedenheit, die sich auch auf die Kinder überträgt. Missverständnisse, Vorurteile und Ängste können bei Eltern, die wissen, was ihr Kind in der Einrichtung erlebt, gar nicht erst entstehen.

Im Vorfeld einer Öffnung steht sicher die Motivation des Teams, eine solch weitreichende Öffnung mitzutragen und mitzugestalten, im Mittelpunkt. Hierfür sollte die Einrichtungsleitung den Teammitgliedern die Vorteile eines solchen Wandels erklären, aber auch deren Bedenken ernst nehmen und mit ihnen zusammen nach Lösungen für evtl. auftretende Schwierigkeiten suchen (z.B. Anpassung der Räumlichkeiten, Veränderung des Personaleinsatzes, Klärung des Umgangs mit entstehenden Kosten und zeitlichem Mehraufwand).

Tipp: Zur besseren Planung kann die Leiterin im Vorfeld für Teammitglieder und Eltern jeweils einen Fragebogen erstellen, damit alle Beteiligten ihre individuellen Vorstellungen, Wünsche, Bedürfnisse und Bedenken äußern können. Die Leiterin hält die Ergebnisse und Aspekte der geplanten Umstrukturierungen schriftlich fest und stellt das Konzept dem Träger vor, denn er entscheidet schließlich über die Möglichkeit und den Umfang der Veränderungen.

Gerade wenn es um weitreichende konzeptionelle Veränderungen geht, sollte die Einrichtungsleiterin allen Beteiligten Zeit geben, sich mit dem Thema auseinanderzusetzen und eigene Ideen hierzu zu entwickeln. Einer solchen Umstrukturierung geht meistens ein langer Prozess voraus. Aufgabe der Leiterin ist es, diesen Prozess in Gang zu bringen, zu begleiten, aktiv zu gestalten und ihn am Ende möglichst effektiv und bereichernd für alle Beteiligten umzusetzen.

## 52 Warum ist die Vernetzung mit anderen Einrichtungen wichtig?

Die Vernetzung der Kita mit anderen Einrichtungen, insbesondere mit denen aus der näheren Umgebung, bringt in aller Regel nur Vorteile.

Gerade größere Träger legen bereits vertraglich oder in der Arbeitsplatzbeschreibung der pädagogischen Fachkräfte fest, dass sich das Personal der verschiedenen Einrichtungen im Falle eines Personalengpasses gegenseitig aushilft. Eine Leitung, welche die Vernetzung ihrer Kita mit anderen Kitas des Trägers fördert, gibt ihren Mitarbeiterinnen die Chance, andere Einrichtungen und die dortigen Kolleginnen kennenzulernen, etwa indem sie Hospitationen für sie ermöglicht. Dieser Blick in andere Einrichtungen und der dabei entstehende Austausch können sehr bereichernd sein und einer sogenannten „Betriebsblindheit" entgegenwirken. Kennen sich die Kolleginnen der vernetzten Kitas bereits untereinander, entstehen keine Unsicherheiten, wenn es tatsächlich aufgrund von Personalmangel zu einem vorübergehenden Einrichtungswechsel kommt. Einer Leitung, die andere Einrichtungen kennt und diese vielleicht sogar schon einmal selbst unterstützt hat, fällt es im Bedarfsfall leichter, selbst um Hilfe zu bitten. Belastungen von Kolleginnen und Unmut der Eltern infolge länger anhaltenden Personalmangels lassen sich somit besser vermeiden.

Auch benachbarte Einrichtungen unterschiedlicher Träger profitieren von einer Vernetzung untereinander. Selbst wenn sie sich nicht mit Personal unterstützen, können sie sich auf fachlicher Ebene austauschen oder einfach nur im Rahmen von gegenseitigen Besuchen mit Kindern die Kolleginnen und deren Einrichtungen kennenlernen.

Die Vernetzung auf Leitungsebene, z. B. innerhalb eines Stadtteils oder Ortes, fördert ebenfalls den Austausch und stellt dadurch für die Beteiligten eine große Bereicherung dar. Gerade für eine Leiterin, die neu im Beruf ist, nimmt allein das Wissen, sich in schwierigen Situationen Rat und Hilfe holen zu können, viel **Stress und Druck** (→ Frage 8). Bei einer engen, trägerunabhängigen Zusammenarbeit können die Leiterinnen beispielsweise die Anmeldungen bzw. geplanten Aufnahmen regelmäßig abgleichen. Bereits im Vorfeld muss eine entsprechende Genehmigung der Eltern eingeholt werden, um den **Datenschutz** (→ Frage 17) zu wahren.

Miteinander vernetzte Einrichtungen können auch z. B. in Bezug auf ihre räumliche Ausstattung voneinander profitieren: So kann eine Kita der Nachbarkita ihren Turnraum zur Verfügung stellen, darf im Gegenzug dazu deren großen Garten mitbenutzen.

**Übergänge** (→ Frage 43) in weiterführende Einrichtungen lassen sich für alle Beteiligten wesentlich leichter gestalten, wenn sich die Kolleginnen der verschiedenen Einrichtungen schon kennen.

## 53 Was bedeutet gemeinwesenorientiertes Arbeiten?

Gemeinwesenorientiertes Arbeiten ist heute ein fester Bestandteil in vielen pädagogischen Konzeptionen. Es eröffnet den Kindern lebensnahe Erfahrungs- und Lernfelder. Jede Kindertageseinrichtung befindet sich in einem unterschiedlichen Sozialraum. Ein Kind, das eine kleine Einrichtung in einer kleinen ländlichen Gemeinde besucht, macht dort zwangsläufig andere Erfahrungen als ein Kind, das in eine Einrichtung in einem stark multikulturell geprägten Stadtteil einer Großstadt geht. Beide Kindertageseinrichtungen haben gleichermaßen die Aufgabe, die Kinder mit der Soziokultur ihrer jeweiligen Umgebung vertraut zu machen. Dies erfordert eine Öffnung der Einrichtung nach außen.

Eine solche Öffnung kann sehr einfach durch gemeinsame Ausflüge und Erkundungen mit den Kindern im Stadtteil oder im Rahmen von pädagogischen Angeboten, Aktionen und Projekten geschehen. Beim regelmäßigen Besuch eines Seniorenheimes beispielsweise profitieren sowohl die Kinder als auch die Bewohner von dem Kontakt mit der jeweils anderen Generation. Die Kinder lernen einen neuen Bereich ihrer vielseitigen Umgebung kennen und werden gleichzeitig selbst mit ihren Belangen und Bedürfnissen für die Öffentlichkeit sichtbar.

Für das Personal hat diese Art der Öffnung ebenfalls Vorteile: Die Erzieherinnen können so wertvolle Unterstützung in ihrer täglichen Arbeit erhalten, ein Beispiel hierfür wäre der Koch des italienischen Lokals, der einmal im Monat mit Kindern der Kita kocht, oder der Polizist aus dem Viertel, der regelmäßig die Einrichtung besucht und den Erzieherinnen bei der Verkehrserziehung hilft.

Die Kita-Leitung übernimmt die Koordinatorin von verschiedenen Anlaufstellen und **Vernetzungspartnern** (→ Frage 52).

Später hat sie dafür Sorge zu tragen, dass die Kontakte im Alltag gepflegt werden und nicht, z. B. infolge von Personalengpässen, nach einer Weile „im Sande verlaufen".

## 54 Mit welchen Institutionen und Behörden sollte die Kita-Leitung kooperieren?

Durch die Kooperation und Vernetzung mit wichtigen Institutionen und Fachdiensten (wie Frühförderstellen, Sozialdiensten), Fachberatungsstellen (wie die Erziehungsberatung, den psychosozialen Fachdienst) unterstützen die Einrichtungsleiterin und das Kita-Team in erster Linie die Eltern, indem sie für sie einen möglichst direkten Weg zum richtigen Ansprechpartner vermitteln. So sichert die Einrichtung im Bedarfsfall den Kindern und deren Familien schnelle Hilfe und Unterstützung.

Wie die Zusammenarbeit mit den Kooperationspartnern aussieht, ist je nach Sachlage unterschiedlich. Manchmal stellt die Einrichtungsleitung lediglich den ersten Kontakt zwischen der Familie und der jeweils zuständigen Stelle her. In einigen Fällen kommen die Mitarbeiter eines Fachdienstes sogar in die Kita, um die Kinder in ihrer bekannten Umgebung besonders zu fördern. Dies gibt den betreffenden Kindern gerade am Anfang Sicherheit und hilft ihnen, sich für das neue Angebot zu öffnen. Ein solches Förderangebot kann unkompliziert in den Alltag eingeflochten werden und wird dadurch von den Eltern in der Regel gerne angenommen. Für die Kita hat diese Möglichkeit der intensiveren Förderung vor Ort den Vorteil, dass sie mit der zuständigen Fachkraft in direktem Austausch stehen kann.

Die Leitung übernimmt die Terminierung dieser regelmäßigen Treffen sowie die Organisation der passenden Räumlichkeiten. Beim Erstkontakt der Eltern mit dem Vertreter des jeweiligen Fachdienstes ist meist auch die Leiterin anwesend, um ihre Einschätzung und die ihrer Kolleginnen weiterzugeben.

Nicht nur aus pädagogischen Gründen sollte die Kita-Leitung einen guten Kontakt zur örtlichen Polizei pflegen. Im besten Fall wird der Kita von der Polizei ein Beamter benannt, den die Leitung im Notfall kontaktieren kann. Dies wäre z. B. der Fall, wenn sie verdächtige Personen in der Nähe der Einrichtung bemerkt, unbefugte das Kita-Gelände betreten o. Ä.

## 55 Welche besondere Bedeutung kommt der Kita als Ausbildungsstätte zu?

Kindertagesstätten übernehmen Verantwortung für die Bildung, Erziehung und Betreuung der Kinder, die in ihrer Obhut stehen. Um dieser Verantwortung gerecht werden können, ist ihre Ausstattung mit entsprechend gut ausgebildetem pädagogischem Personal essenziell.

Einen wichtigen Beitrag zur guten Ausbildung des Fachpersonals leisten die Kindertageseinrichtungen selbst, wenn sie Praktikantinnen der unterschiedlichen Ausbildungsstätten die Möglichkeit bieten, ihr zukünftiges Arbeitsfeld kennenzulernen, Erfahrungen zu sammeln, sich zu erproben und vielleicht schon erste pädagogische Schwerpunkte für sich zu finden. Die Einrichtung, und allen voran die zuständige Praxisanleiterin, hat hier die große Verantwortung, Praktikantinnen einen umfassenden Einblick in ihre Tätigkeit zu geben, ihnen eine persönliche und berufliche Weiterentwicklung zu ermöglichen und sie in allen schulischen Belangen wie Praxisberichten, Prüfungsvorbereitungen u. Ä. zu unterstützen. In regelmäßigen Anleitergesprächen bekommt jede Praktikantin von der zuständigen Anleiterin eine ausführliche Rückmeldung zu ihrer Leistung und Arbeitseinstellung.

Einrichtungsleiterin und Praxisanleiterin sollten in stetigem Austausch über die Praktikantin stehen. Gerade wenn es zu Schwierigkeiten kommt, ist es die Einrichtungsleiterin, die weitere Schritte mit der Ausbildungsstätte und dem Träger besprechen muss. Dies ist für die Leiterin einfacher, wenn sie bereits über bestehende Probleme Bescheid weiß.

Wenn die Praktikantin gut ins Team passt, kann nach erfolgreicher Beendigung der Ausbildung die Leiterin mit ihr und dem Träger eine Übernahme vereinbaren, sofern eine freie Stelle zu besetzen ist, oder sie an eine andere Einrichtung weitervermitteln. Ein- bis zweimal jährlich informiert die Praxisstelle die Schule schriftlich, meist in Form eines ausgefüllten vorgefertigten Beurteilungsbogens, über den aktuellen Leistungsstand der Praktikantin. Zu diesem Zweck arbeitet die Einrichtung eng mit der zuständigen Ausbildungsstelle zusammen und tauscht sich zusätzlich in Praxistreffen mit Lehrerinnen und anderen Praxisanleiterinnen aus.

# Literatur

Bayerisches Staatsministerium für Arbeit und Sozialordnung, Familie und Frauen, Staatsministerium für Frühpädagogik München (2007): Bayerischer Bildungs- und Erziehungsplan für Kinder in Tageseinrichtungen bis zur Einschulung. Berlin.

Bayerisches Staatsministerium für Arbeit und Sozialordnung, Familie und Frauen, Staatsministerium für Frühpädagogik München (2013): Bildung, Erziehung und Betreuung von Kindern in den ersten drei Lebensjahren Handreichung zum bayerischen Bildungs- und Erziehungsplan für Kinder in Tageseinrichtungen bis zur Einschulung. Weimar, Berlin.

Bernitzke, Fred (2009): Handbuch Teamarbeit Grundlagen für erfolgreiches Arbeiten in Kita und Kindergarten. Freiburg i. Breisgau.

Cohn, Ruth C. (2009): Von der Psychoanalyse zur themenzentrierten Interaktion. Stuttgart.

diakonia inhouse – Kita – Bewirtschaftung & Cafeteria (2013): Rahmenhygieneplan – Standards in Kindertagesstätten. Kronach.

Fialka, Viva (2011): Handbuch Bildungs- und Sozialmanagement in Kita und Kindergarten. Freiburg, Basel, Wien.

Fiederich, Tina/Kerl-Wienecke, Astrid (2014): 55 Fragen & Antworten Zusammenarbeit mit Eltern in der Kita. Berlin.

Harms, Thelma/Clifford, Richard M./Creyer, Debby (1980): Early Childhood Environment Rating Scale (ECERS). New York.

Klug, Wolfgang (2013): Erfolgreiches Kita-Management Unternehmens-Handbuch für LeiterInnen und Träger von Kitas. München.

Kronberger Kreis für Qualitätsentwicklung in Kindertageseinrichtungen (1998): Qualität im Dialog entwickeln – Wie Kindertageseinrichtungen besser werden. Leipzig.

Leawen, Hans-Joachim/Andres, Beate/Hédervári-Heller, Éva (2012): Ohne Eltern geht es nicht. Die Eingewöhnung von Kindern in Krippen und Tagespflegestellen. Berlin.

Lewin, Kurt (1963): Feldtheorie in den Sozialwissenschaften. Ausgewählte theoretische Schriften. Bern.

Lewin, Kurt/Lippitt, Ronald/White, Ralph K. (1939): Patterns of aggressive behavior in experimentally created „social climates". In: Journal of Social Psychology, 9/10, S. 271–299.

Meinel, Hubert (2005): Betrieblicher Gesundheitsschutz Vorschriften, Aufgaben und Pflichten für den Arbeitgeber. ecomed Sicherheit. Lech.

Möller, Jens-Christian/Schlenther-Möller, Esta (2014): Kita Leitung Leitfaden für Qualifizierung und Praxis Sozialmanagement. Berlin.

Rahn, Hans-Joachim (2010): Erfolgreiche Teamführung Arbeitshefte Führungspsychologie. Band 16. Hamburg.

Roth, Xenia (2013): Handbuch Bildungs- und Erziehungspartnerschaft Zusammenarbeit mit Eltern in der Kita. Freiburg i. Breisgau, Basel, Wien.

Sauerland, Martin/Müller, Günther F. (2012): Selbstmotivierung und kompetente Mitarbeiterführung Arbeitshefte Führungspsychologie, Band 66. Hamburg.

Schlummer, Bärbel/Schlummer, Werner (2003): Erfolgreiche Konzeptionsentwicklung in Kindertagesstätten Kita-Management. München.

Stamer-Brandt, Petra/Tofern, Frank (2013): Leitungswissen Kita entdecken und entwickeln führen und fördern managen und verwalten. Freiburg i. Breisgau, Basel, Wien.

Tietze, Wolfgang (Hrsg.) (2013): Pädagogische Qualität entwickeln. Praktische Anleitung und Methodenbausteine für Bildung, Betreuung und Erziehung in Tageseinrichtungen für Kinder von 0–6. 3. Aufl. Berlin.

Tietze, Wolfgang/Schuster, Käthe-Maria/Grenner, Katja/Roßbach, Hans-Günther (2001): Kindergarten-Skala, Revidierte Fassung (KES-R). Neuwied.

Tietze, Wolfgang/Viernickel, Susanne (Hrsg.) (2007): Pädagogische Qualität in Tageseinrichtungen für Kinder. Ein nationaler Kriterienkatalog. Berlin.

Weber, Max (1922): Wirtschaft und Gesellschaft, Kapitel III, Die Typen der Herrschaft. Tübingen.

**Gesetze und Verordnungen im Internet, zuletzt geprüft am 15.10.2014:**

Anspruch auf Förderung in Tageseinrichtungen und in Kindertagespflege:
http://www.gesetze-im-internet.de/sgb_8/__24.html

Zuschuss und Anstellungsschlüssel:
http://www.gesetze-im-internet.de/sgb_8/__26.html

Konzeption:
http://www.sozialgesetzbuch-sgb.de/sgbviii/24.html

Qualität:
http://www.sozialgesetzbuch-sgb.de/sgbviii/22a.html

Verordnung über Anforderungen an die Hygiene beim Herstellen, Behandeln und Inverkehrbringen von Lebensmitteln:
http://www.gesetze-im-internet.de/lmhv_2007/

Infektionsschutzgesetz:
http://www.gesetze-im-internet.de/ifsg/

Unfallverhütung:
http://publikationen.dguv.de/dguv/pdf/10002/a1.pdf

Biostoffverordnung:
http://www.gesetze-im-internet.de/bundesrecht/biostoffv_2013/gesamt.pdf

Mutterschutz:
http://www.gesetze-im-internet.de/muschg/

Betriebsrat:
http://www.gesetze-im-internet.de/betrvg/

# Stichwortverzeichnis